철학자와 하녀

철학자와 하녀

하루하루를 살아가는 마이너리티의 철학

고병권 지음

메디치

철학자와 하녀
그리고
별에 관한 이야기

1.

"왜 우리가 지금 여기서 철학을 공부해야 합니까?" 2008년 봄, 안양 교도소에서 철학을 강의하던 첫날에 한 재소자가 물었다. 보안장치가 달린 여러 개의 철문과 미로 같은 복도를 지나온 나로서는 이미 꽤 주눅이 든 상태였다. 파란 수의를 입고 줄지어 앉은 이삼십 명의 재소자 앞에 선 나는 긴장을 풀어보려고 몇 마디 늘어놓았을 뿐인데 그 까칠한 질문의 습격을 받은 것이다. 순간, 적진에 혼자 들어간 협상가의 기분이 들었다.

　물론 그 물음은 나라는 개인을 향한 것이 아니었다. 개인 대 개인으로서 '나'와 '그' 사이에는 긴장감이나 적대감이 형성될 이유가 없었다. 오히려 그는 처음부터 누구보다 생기 있는 얼굴로 나를 대했고, '고추장'이라는 내 별명을 들었을 때는 '초고추장이 되라'는

4

우스갯말까지 건넨 사람이었다. 게다가 당시 교도소의 철학 강좌는 자발적으로 신청한 이들을 대상으로 한 것이었기 때문에, 개인적 호기심 차원에서 보자면 그 질문을 던지고 싶은 쪽은 나였다. "왜 여기서 철학 공부를 할 생각을 하셨어요?"

그 물음은 '그'가 '나'에게 했다기보다는 부와 권력, 지식의 세계에서 밀려난 '가난한 사람'이 '철학자'에게 던진 것이라고 생각한다. 왜 가난한 사람이 철학을 해야 하는가. 왜 먹고사는 일에 바쁜 우리, 심지어 교도소에 갇혀 있는 우리가 철학 따위를 해야 하는가. 그가 물었던 것은 '가난한 사람'과 '철학'의 만남이었고, 이 '만남'이 물음의 대상이 된다는 것은 그만큼 둘의 관계가 자연스럽지 않다는 뜻이다.

가난한 사람과 철학자는 서로 다른 세상에 존재하는 것처럼 보인다. 그들 사이에는 화해하기 쉽지 않은 적대감이 있다. 가난한 사람에게 철학은 먹고살 만한 이들이 벌이는 고상한 유희이고, 철학자가 볼 때 가난한 사람은 눈앞의 이익에 매여 살기에 철학을 할 수 없는 사람들이다. 서로가 서로에 대해서 혀를 차거나 최소한 무심하다.

철학사에는 이를 확인해주는 에피소드가 있다. 어느 날 철학자 탈레스는 별을 보며 걷다가 우물에 빠지고 말았다. 그것을 본 트라케^{Thracia}(발칸반도 동부 지역. 그리스령과 터키령으로 나뉨)의 하녀가 깔깔대며 이렇게 말했다고 한다. "탈레스는 하늘의 것을 보는 데는 열심이면서 발치 앞에 있는 것은 알지 못한다." 트라케의 이 하녀는 총명한 사람임이 틀림없다. 몸은 지구에 두면서 정신은 안드로메다로 날아간 철학자의 삶을 이토록 재치 있게 조롱했으니 말이다.

하지만 철학자들은 이 재치 만점의 하녀를 좋아하지 않았다. 철학자들은 그녀를 철학에 대해 아무것도 모르면서 함부로 말하는 무지한 대중의 상징으로 삼았다. 누구보다도 소크라테스가 그랬다. 그는 발치에만 눈을 두고 다니는 이들, 눈을 다른 곳에 돌릴 여유를 갖지 못하는 이들, 당장의 이익을 위해 능수능란하게 말하지만 결국에는 옳은 것이 무엇인지는 모른 채 상대방의 비위나 맞추고 있는 이들을 비웃었다.

"아마 이들을 철학자의 높이에 세워놓으면 높은 곳에 처음 매달린 탓에 어지럼증을 느낄 것이다. 공중에서 아래를 보는 게 익숙지 않아 안절부절 못하고 말을 더듬거나 웃음거리가 될 것이다." 소크라테스는 트라케의 하녀 같은 이들을 그렇게 조롱했다.

내가 가난한 사람과 철학자 사이의 화해가 쉽지 않다고 한 것은 그들 모두가 어떤 진실을 말하고 있기 때문이다. 발치의 우물을 도외시하고 하늘의 별에 눈을 빼앗긴 철학자를 비판한 하녀도 옳고, 발치만 보느라 어디로 걷는지 모르는 하녀를 지적한 철학자도 옳다. 삶을 성찰할 여유가 없다면 그 삶은 노예적이라는 철학자의 말도 옳고, 삶의 절실함이 없다면 그 앎이란 유희나 도락에 불과하다는 하녀의 비판도 옳다. 그러나 둘이 모두 옳다는 것은 둘이 모두 틀렸다는 말이기도 하다. 한쪽이 옳은 부분에서 다른 쪽은 틀렸기 때문이다.

철학이 일상의 삶과 무관하게 저 하늘의 별만을 보는 것이라면 가난한 사람들이 지적하듯 철학은 한가한 일이나 쓸모없는 일이 되어버린다. 하지만 가난한 사람들이 떠받드는 현실 감각 역시 그들 자신을 빈민으로 양산하는 현실에 대한 추인追認에 불과하다면 그것은 노예의 자기 위안에 불과할 것이다. 이처럼 철학과 가난한 사람이 대립하는 곳에서는 철학도 불행하고 가난한 사람도 불행하다. 철학은 기껏해야 현학적 유희이거나 비현실적 몽상에 불과한 것이 되고, 가난한 사람은 현실 논리를 재빨리 추인함으로써 영리한 노예, 성공한 노예가 될 뿐이기 때문이다.

서로 조롱하고 적대하면서 철학과 가난한 사람이 함께 불행하다면, 역설적이게도 각자의 구원은 서로에게서 오는 게 아닐까. 삶의 절실함과 대면하면서 철학자는 새로 철학을 배우고, 앎의 각성을 통해 가난한 사람들은 삶을 새로 살지 않을까. 나는 이런 생각을 해보았다. 위대한 탈레스를 재치 있게 조롱했던 총명한 하녀가 어느 밤 다락방 창문을 열고 밤하늘의 별을 보았다면 어떤 일이 일어났을까.

2.

1996년 가을, 노들장애인야간학교의 한 학생이 하룻밤 엠티를 하던 중에 하늘에서 빛나던 별을 올려다보았다. "그때 모든 별이 우리 곁으로 다가와서 비추어 주는 것 같았어요. 정말 눈물이 나와서 울

뻔했어요. 무언지 모를 눈물이 나오려고 하더군요." 평생을 집과 작업장에 갇혀 지내던 그녀가 텔레비전 드라마 속에서나 보던 엠티 장면, 그러니까 모닥불을 피워놓고 노래하고 이야기하는 일을 실제로 해보았을 때, 그리고 고개를 들어 하늘을 보았을 때 일어난 일(본문에서 자세한 이야기를 담았다). 그것은 철학자가 별을 보았을 때와 달랐다.

가령 칸트도 하늘의 별을 보았다. 그는 이렇게 적었다. '별이 빛나는 하늘과 내 안의 도덕률.' 그러나 칸트는 밤하늘의 저 아름다운 무한성도 내 가슴에서 빛나는 도덕률에 비할 바는 아니라고 했다. 별빛이란 우리가 감성을 통해 경험하는 우연적인 무한성일 뿐이다. 이에 비해 내 안의 도덕률은 우리의 이성을 통해 축조된 영원한 건축물이다. 별은 결국에 먼지로 돌아갈 우리의 미천함만을 일깨우지만, 내 안의 도덕률은 우리 자신의 인격을 한없이 고양한다. 그는 그렇게 생각했다. 그리고 밤하늘의 별과 도덕률을 상반된 별개의 세계에 두어버렸다.

하지만 장애인이던 그녀가 하늘을 보았을 때는 무슨 일이 일어났던가. 그것은 그녀 안에서 변혁을 일으켰다. 그녀는 영원할 줄만 알았던 마음속 도덕률이 깨져나가는 것을 느꼈다. 그동안 자기 안에 자리를 잡고 있던 순종과 금기의 명령들, 오랫동안 그녀에게 무능력과 불가능을 주입하던 내면의 목소리가 무너져 내리는 것을 느꼈다. 장애라는 것이 일상에서 겪는 불가능과 그때 일어나는 포기의 정서라면, 밤하늘의 별은 그녀로 하여금 이 모든 것을 단번에

8

뒤집게 했다. 한마디로, 그녀에게 불가능은 가능이 되었고 무능력은 능력이 되었다. 별을 본 후 그녀는 자립생활을 위해 곧바로 기숙사를 나와버렸다. 이전에는 전혀 꿈도 꾸지 못했던 일이다.

밤하늘의 별이 그녀에게 준 것은 천체에 관한 지식이 아니었다. 그것은 어떤 일깨움, 각성, 용기였다. 그런데 나는 이것이야말로 철학에 대한 참 좋은 정의라고 생각한다. 철학은 특정 분야의 지식이나 정보가 아니라, 단 하나의 지식이나 정보도 달리 보게 만드는 일깨움이라는 것 말이다. 나는 철학이 '박식함'에 있지 않고 '일깨움'에 있다고 생각한다. 그것은 우리 삶에서 불가능과 무능력, 궁핍과 빈곤을 양산하고 규정하는 모든 조건에 맞서 분투하는 것이다. 한마디로 철학은 다르게 느끼는 것이고 다르게 생각하는 것이며 결국 다르게 사는 것이다. 나는 이것이 가난한 이들이 껴안을 수 있는 철학이며, 가난한 이들이 철학자에게 선사하는 철학에 대한 좋은 정의라고 생각한다.

3.

여기 실린 글들은 누군가에게 편지를 보내듯 지난 2~3년간 매달 한 편씩 써온 것을 다시 정리한 것이다(대부분은 'KB레인보우인문학'에 게재되었다). 이 글들을 쓰며 내가 떠올린 수신인은 '매일매일을 살아가는 우리'였다. '철학이 일상에게' 그리고 '일상이 철학에게' 보내는 편지, 나는 그런 걸 떠올렸다. 그리고 처음부터 알고 있었다. 이 편지들은 잔잔한 것일 수밖에 없음을. 철학은 일상에게 대단한 구원의 메시지를 전할 수 없고, 일상은 철학에게 드라마틱한 영웅담을 말하지 않을 것이다. 천국으로의 구원은 신의 몫이고, 스펙터클한 영웅담은 극장에나 걸리는 것. 다만 철학은 지옥에 함께 있어주겠다는 말을 일상에게 전할 뿐이며, 일상은 창백하게 떠도는 철학의 말들에 한 방울의 피, 다시 말해 하나의 체험을 선사할 뿐이다. 그런데 이것이 얼마나 대단한 선물의 교환인지를 이제야 어렴풋이 알 것 같다.

사실은 '그'가 '나'였다. '왜 지금 여기서 철학을 공부해야 하느냐'고 물었던 사람 말이다. 나 역시 스스로에게 여러 번 그 물음을 던져왔다. 나는 철학을 전공한 사람도 아니고 철학자임을 보증하는 어떤 자격증도 갖고 있지 않다. 철학이란 게 단지 그런 지식과 자격증에 대한 이름이라면 나는 언제든 그 이름을 버릴 준비가 되어 있다. 내가 사랑하는 철학, 내가 고마움을 느끼는 철학은, 누군가의 표현처럼, 언제나 내 정신에 찬물 한 바가지를 끼얹는 그런 것이었다. 그 물 한 바가지를 뒤집어쓰고서야 나는 삶을 다시 볼 수 있었다. 나 역시 안에서 고래고래 소리를 질러대는 정서들에 머리채가 잡혀 이리저리 휘둘려 살았고, 바깥의 스펙터클한 풍경에 눈이 팔려 삶의 소중한 것들을 소홀히 해왔다. 그나마 내가 이렇게라도 살아가는 것은 때로는 책 속에서 때로는 책 바깥에서 내 정신의 등짝을 후려쳐준 이들 덕분이다. 그 경험이 내게는 철학이다. 이 책을 읽는 당신에게도 철학이 그런 친구이기를 바란다.

10

개정판을 내며

왜 여기서 철학을 공부해야 하는가. 이 책에서 10년 전 던진 물음을 나는 아직도 간직하고 있다. 일상을 살아가는 우리들, 특히 가난하게 살아가는 우리들에게 철학은 배울 만한 가치가 있는 것인가. 10년 전 나는 "내가 사랑하는 철학은 내 정신에 찬물 한 바가지를 끼얹는 그런 것"이라고 적었다. 그런데 이제는 철학에도 찬물 한 바가지를 끼얹고 싶다. 철학에 대한 지금의 사랑을 그렇게 표현하고 싶다.

2024년 7월
고병권

차 례

1장

철학은
지옥에서
하는 것이다

천국에는
철학이
없다
*

"2003년 8월 15일 무더운 밤, 뉴욕시에서는 은하수가 보였다." 미국 북동부 지방에서 발생한 재난으로 정전이 발생하자 뉴욕의 밤하늘에 은하수가 펼쳐졌다. 그때 뉴욕 시민들은 그동안 대낮같이 밝은 밤 때문에 몰랐던 사실, 즉 자신들이 '별들의 지붕' 아래 살고 있다는 사실을 깨달았다. 리베카 솔닛Rebecca Solnit의 책《이 폐허를 응시하라 A Paradise Built in Hell》에 나오는 이야기다.

솔닛은 대재난이라는 지옥 같은 상황에서 사람들이 일시적으로 만들어낸, 자율적이면서도 이타적인 공동체들의 이야기를 책에 담았다. 그가 말한 '은하수'란 아마도 사람들이 만들어낸 아름다운 공동체들일 것이다. 재난disaster이라는 말이 '별astro'이 '없는dis-' 상태(그

17

래서 어떤 불길함이 예고된 상태)에서 연원했음을 생각하면, 재난의 때에 사람들에게 나타난 무수한 별들의 이야기는 참 기발하고 흥미롭다.

샌프란시스코의 대지진에서 뉴올리언스의 허리케인까지, 사회시스템은 무너지고 언론이 과장된 공포만을 유포하고 있을 때, 현장의 가난한 이들은 '별수 없이' 하지만 또한 '놀랍게도' 삶의 공동체들을 일구어냈다. 시스템이 작동할 수 없는 곳에서 만들어졌던 자율적이고 이타적인 공동체들. 아무 조건도 없이 사람이 사람에게 손을 내밀고 사람이 사람에게 기대는 일, 이것이야말로 태초부터 인간 공동체를 가장 아래에서부터 떠받친 힘이고 동시에 지금과는 다른 미래를 갖고 싶은 사람들이 기댈 수밖에 없는 절대적 가능성일 것이다.

솔닛은 그가 본 공동체들을 '낙원'이라고 부르기를 주저하지 않았다. 그러나 그것은 우리가 떠올리는 낙원의 이미지와는 다르다. 대개 낙원이란, 기껏해야 '영원한 휴양지'이고, 우리가 '무엇인가를 더 만들어 갈 필요가 없는 장소'이다. 그러나 솔닛에 따르면, "지옥에 세워지는 낙원은 늘 문제와 고통에 대한 반응으로서 나타난다. … 지옥에서 세워지는 낙원은 현장에서 만들어진다. 이 낙원을 만드는 과정에서 우리는 힘과 창조성을 쏟아붓고 공동체 속에서 사람들과 얽혀 있는 순간에도 뭔가를 창조할 만큼 자유로워진다. 지옥 속에서 세워지는 낙원들은 우리가 무엇을 원하는지, 우리가 어떻게 될 수 있는지를 보여준다."

나는 낙원이라는 말을 좋아하지 않는다. 현실 도피적 냄새가 나기 때문이다. 그러나 솔닛이 말한 낙원은 현실로부터 도피한 이들의 공동체가 아니라, 모두가 도피한 현실의 가장 어두운 곳에 남겨진 이들이 만든 공동체다. 그런데 이 공동체는 인간이 가진 가장 귀중한 자산을 보여준다. 우리가 사후 영생을 얻어 누리기를 꿈꾸는 하늘의 낙원은 그것이 설령 인간에게 주어질 때조차 신의 능력이고 신이 보인 배려이다. 그러나 신이 보살핌을 거둔 곳, 즉 지옥에서 낙원이 생겨난다면 이는 오로지 인간이 인간에게 보인 능력, 인간이 인간에게 품은 희망, 인간이 인간에게 베푼 배려 때문이다.

나는 이 책을 읽으며 철학의 거처랄까 사명 같은 것을 떠올렸다. 지옥에서 아름다운 공동체를 짓는 일을 말하는 것이다. 니체는 이렇게 말했다. "내가 지금까지 이해하고 있는 철학, 내가 지금까지 실행하고 있는 철학은 자발적으로, 얼음이 덮인 높은 산정에서 살아가는 것이다." 그가 말한 얼음이 덮인 산정은 범속한 것들이 찾아올 수 없는 척박한 환경이다. 그러기에 그곳은 세상의 가치평가와 거리를 두면서, 오히려 그 평가 속에서 추방된 것들을 발견하고 음미하는 가치전복의 최적 장소이기도 하다. 니체는《도덕의 계보》에서 '철학에 관한 섬뜩한 상징'으로 인도의 비시바미트라 왕 이야기를 꺼낸 적이 있다. 혹독한 자기 고행에서 얻은 힘과 자신감으로 새로운 천국을 건설하고자 했던 비시바미트라 왕. 그의 이야기에 니체는 이런 문장을 덧붙였다. "언젠가 '새로운 천국'을 세워본 적이 있는 사람은 누구나 그것을 세우기 위한 힘을 그 자신의 지옥 속에서 발견했다."

'철학의 정신'은 그런 고행과 금욕의 외투 속에서만 살아남을 수 있었다고 니체는 말했다. 이는 많은 철학자가 가슴에 품고 있는 도피 욕망, 즉 번잡한 곳을 떠나 조용히 공부하고 싶다는 욕망과는 거리가 멀다. 참된 철학자가 높은 산정과 얼음으로 나아가는 것은 현실로부터의 도피가 아니라 현실이 중단된 곳, 즉 누구도 뛰어들고 싶지 않아 하는 지옥으로 걸어 들어가는 것이다. 왜냐하면, 거기에 지금의 현실과 다른 현실을 만들어낼 재료가 있기 때문이다.

철학은 인간 안에 자기 극복의 가능성이 있다는 것을 가르친다. 모든 것을 잃은 지옥에서도 그것은 사라지지 않음을, 아니 모든 것을 잃었기에 오히려 인간이 가진 참된 것이 드러난다는 걸 철학은 말해준다. 깨달음은 천국에서는 일어나지 않는다. 천국에는 우리 자신에 대한 극복의 가능성도 필요성도 존재하지 않기 때문이다. 그래서 천국에는 철학이 없고 신은 철학자가 아니다. 철학은 지옥에서 도망치지 않고 또 거기서 낙담하지 않고, 지옥을 생존조건으로 삼아 거기서도 좋은 삶을 꾸리려는 자의 것이다.

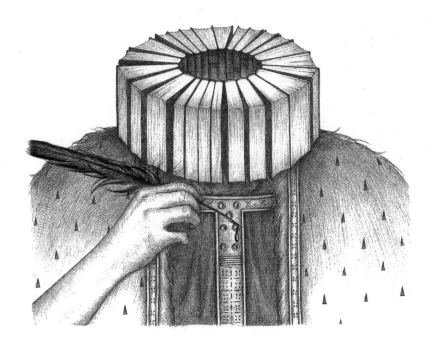

'곁에 있어 줌'
의
존재론

*

　　　　　　　　몇 해 전, 용산의 국립박물관에
서 고려시대 불화를 전시했다. 세계 곳곳에 흩어져 있는 고려시대
불화들을 한데 모은 귀한 전시였다. 전시회 제목이 '700년 만의 해
후'였는데, 내 지인 중 한 사람은 아마 이 작품들을 다시 보려면 또
700년이 걸릴지 모른다고 너스레를 떨 정도였다. 정말이지 대부분
의 작품이 국보급, 아니 그 이상이었다.

　그중에서도 내 눈을 휘둥그레하게 만든 것은 고려시대 후기에
그려졌다는 두 점의 '수월관음도'였다. 하나는 일본의 단잔진자^{談山}
^{神社}의 소장품이었고 다른 하나는 일본의 센소지^{淺草寺} 소장품이었다.
모두 〈법화경〉의 '관음보살보문품'에 나오는 이야기를 그린 것인
데, 앞 작품에서는 관음보살이 연화대에 앉은 채 선재동자를 지긋

이 바라보고 있고, 뒤 작품에서는 녹색 물방울 모양의 광배 안에서 관음보살이 선 채로 선재동자를 바라보고 있었다.

센소지의 '물방울 관음'은 그때 처음 봤지만, '수월관음도'는 내가 공부하는 연구실에도 한동안 걸려 있었다. 물론 진품은 아니었고, 어느 스님이 액자에 넣어 보내주신 대형 아트 프린트 작품이었다. 그림의 전체적 인상은 단잔진자의 '수월관음도'와 비슷했던 것 같다. 외람된 말이지만, 보살의 풍만한 몸은 부드럽게 흘렀고, 몸에 걸친 사라는 한없이 가벼웠으며, 거기 달린 각종 보석과 장신구들은 들여다볼수록 섬세하고 정교했다. 그 그림을 처음 봤을 때, 나는 부처와 보살도 잘 구별하지 못하면서 혼잣말을 내뱉었다. '무슨 부처가 이리도 관능적인가.' 심지어는 그림 속 관음보살에게 우스꽝스러운 콤플렉스를 느끼기도 했다. 그때 내 눈에 들어온 것은 관음보살의 깨달음이 아니라 예술적 감각이었다. 주위를 둘러보면 공부를 잘하면서 예술적 감각도 뛰어난, 정말 '잘난 사람들'이 있지 않은가. 마치 그런 존재를 보는 것 같았다. 내 눈에는 그분이 깨달아서 아름답다기보다, 깨달았으면서 아름답기까지 했다.

그런데 그 전시를 본 날, 기이하게도 꿈에 나타난 또 하나의 그림이 있었다. '지장보살도'였다. 남루한 가사에 지팡이를 들고 스님처럼 보이는 분이 서 있었다. 눈은 가늘지만 눈동자는 또렷했고, 살은 근육 없이 뼈에 붙은 듯했으나 무척 두텁고 단단해 보였다. 그런데 그 꿈속의 지장보살은 나를 쫓아와서 지팡이로 내 머리를 내

리쳤다. 낮에 무서운 걸 보면 밤에 다시 보는 아이들의 꿈 같은 것이었다.

며칠 후 한 스님을 뵐 기회가 있어 꿈 이야기를 했다. "저는 관음보살이 부러워 죽겠는데 지장보살께 잡혀서 한 대 맞았습니다." 그랬더니 스님이 빙긋이 웃으며 말씀하셨다. "관음보살은 오늘날로 따지면 재벌 회장 같은 분입니다. 정말로 가진 게 많지요. 그것을 모두 나눠줍니다. 그 이름만 부르면 누구에게나 줍니다. 그런데 지장보살은 가진 게 아무것도 없습니다. 줄 게 없지요. 그런데 지장보살은 가난하고 아픈 사람들 곁에 있어 줍니다."

그때는 '그렇구나' 하는 정도였는데, 오늘은 문득 '있어준다'는 그 말이 한없이 큰 선물처럼 다가온다. 지장보살. 그는 부처 없는 시대에 중생을 교화하고 구제한다는 보살로, 모두가 성불할 때까지, 다시 말해 지옥이 텅텅 빌 때까지 자신은 성불하지 않겠다는 서원을 세운 것으로 유명하다. 묘한 역설이다. 서원대로라면 그는 세상에서 가장 늦게 성불할 존재이다. 하지만 그런 서원을 세운 걸 보면, 그는 세상에서 가장 빨리 성불한 존재임이 틀림없다. 어떻든 지옥에 단 한 사람도 남겨두지 않고 성불할 때까지 곁에 있겠다는 그 무지막지한 서원 때문에 '업보가 정해져 있다'거나 '해탈 불가능한 존재가 있다'거나 하는 말들은 모두 힘을 잃어버렸다. 그가 있으면 '업보'도 '불가능'도 있을 수 없기 때문이다. 끝까지 '네 곁에 있겠다'는 말은 그처럼 위대하다.

24

'있어줌.' 이 말에서는 '있음'과 '줌', 다시 말해 '존재'와 '선물'이 일치한다. 독일어에서는 '무엇이 있다'는 말을 'Es gibt ~'라고 한다. 여기서 'gibt'라는 동사는 '주다'는 뜻의 'geben'에서 온 말이다. 그러니 '있음'이 곧 '줌'이다. 존재가 선물이라는 말이다.

하지만 '존재'가 '선물'이라는 말을 고상한 미사여구 정도로 받아들이지 말기를 부탁드린다. 힘들고 힘든 시절, 바로 지금, 적지 않은 사람들이 '이젠 지쳤다'며 운명의 줄을 놓아버리고 있다. 신문을 읽을 때마다 가슴이 아프다. 뭔가 줄 수 있는 게 정말 아무것도 없을까? 그래서 떠올린 말이었다. 그 어느 때보다 우리가 가진 원초적 선물이 필요하다. 곁에 있어주자. 나를 너에게 선물하자.

초조함
은
죄다
*

불행한 사람은 시간에 의해서도 고통받는 법이다. 힘든 처지에서 벗어나는 것만이 아니라 '빨리' 벗어나는 것이 중요하다. 그런 이유에서 그는 구원의 지름길을 말하는 사람을 더 좋아하고 그 말을 더 잘 믿는다. 교회의 목사님도, 길거리의 약장수도 이 점을 잘 알고 있다. 초조한 사람은 못 기다리기 때문이다.

아르고스의 전설의 왕 아크리시오스의 비참한 결말도 사실은 비참한 운명을 먼저 피하려고 했던 초조함에서 시작되었다. 그는 아들이 없어 근심하던 중에 델포이 신전을 찾았다. 그런데 거기서 뜻밖의 신탁을 받았다. 딸인 다나에가 장차 낳을 아들이 자신을 죽인다는 것이다. 신탁을 받은 아크리시오스는 초조했다. 그래서 딸을

26

청동으로 둘러친 방에 가두어 버렸다. 문제는 천장이었다. 그 방의 천장은 하늘로 열려 있었는데 그것이 제우스의 눈에 들어온 것이다. 제우스는 황금 비로 변해서 방으로 들이닥쳤고 그녀는 결국 제우스의 아이, 페르세우스를 임신하게 되었다.

불안해진 아크리시오스는 딸 다나에와 손자 페르세우스를 상자에 담아 물결이 센 바다에 던져버렸으나 제우스는 모자가 살아남게 돕는다. 페르세우스는 장차 자라서 메두사를 처치하고 영웅이 된다. 그는 어머니와 함께 고향 아르고스로 돌아가는데, 때마침 열린 원반 경기에 참가하게 된다. 그런데 하필 그가 던진 원반이 경기를 보러 온 아크리시오스의 머리를 맞춰버려서, 아크리시오스는 그 자리에서 숨을 거둔다.

오이디푸스 왕이 아버지 라이오스를 죽인 이야기도 비슷한 구조이다. 테베의 왕 라이오스는 한 예언자로부터 끔찍한 말을 듣는다. 아들이 자신을 죽일 운명을 타고났다는 것이었다. 라이오스는 갓난 아이인 오이디푸스를 죽이라고 왕비에게 명했지만, 왕비의 명령을 들은 하인은 아이를 죽일 수 없어 들판에 버린다. 아이는 결국 어느 목동에게 발견되었고 그렇게 해서 운명의 바퀴가 돌기 시작한다. 훗날 장성한 오이디푸스는 길거리에서 라이오스의 행렬과 시비가 붙었는데 이 와중에 자신의 아버지를 몰라보고 죽여버린다.

신화 속 주인공들에게 따지고 들 문제는 아니지만, 결국 비극적인 운명의 수레바퀴를 돌린 건 자기 자신이었다. 아크리시오스가 딸을 청동 방에 가두지 않았다면 그것이 제우스의 눈에 띨 이유가 없었고, 라이오스가 아들을 평상시처럼 키웠다면 그 아들이 아버지를 몰라보고 살해하는 일도 없었을 것이다. 신탁이나 예언은 자기를 실현하기 위해 딱 한 가지 일만을 했다. 그것은 주인공들을 초조하게 만든 것이다. 그러면 파국에 대한 초조감이 상황을 파국으로 이끌어간다.

이런 구조는 현실의 끔찍한 악행에서도 나타난다. 나치는 유대인들이 독일 민족의 피를 타락시킬 것이라 상상했고, 그것을 막기 위해 유대인을 학살했지만, 그 행동이 역으로 자신을 타락시켜버렸다. 그리고 이런 일은 유대인에게도 반복되었다. 아랍 국가들이 유대인 국가를 사라지게 만들지 모른다고 생각하는 이스라엘은 팔레스타인을 침공해서 많은 양민을 살해했다(이스라엘의 샤론 총리는 "이스라엘을 유대인 나치 국가라고 불러도 좋다. 죽은 성자보다는 그게 낫다"고 말하기도 했다).

나치와 유대인의 예를 들었지만, 이런 예는 우리 주변에서, 아니 우리 자신한테서도 얼마든지 찾아볼 수 있다. 우리는 임박한 파국을 상상하고, 그것에 따라 가상의 보호 울타리를 두른다. 그러나 우리를 보호한다고 상상했던 행동이 울타리가 아닌 문이 된다. 악마는 그 문으로 들어와 우리 안에 초조함을 심는다. 그러면 우리는 스스로 죄를 짓는다.

우리가 느끼는 두려움과 불안이 전혀 근거 없는 것이라는 말이 아니다. 문제는 초조함이다. 초조함은 문제를 정면으로 응시하지 못하게 한다. 초조한 자는 문제의 진행을 충분히 지켜볼 수 없기에 어떤 대체물을 문제의 해결책으로 간주하려고 한다. 성급한 해결을 원하는 조바심이 해결책이 아닌 어떤 것을 해결책으로 보이게 만드는 것이다. 그리고 이 때문에 사태의 종결은 불가능해진다. 파국을 막기 위한 조급한 행동이 파국을 영속화하는 것이다. 우리가 믿는 많은 지름길, 금방 치료가 되고 금방 구원이 되고 금방 개선이 될 것 같아 보이는 그런 많은 길이 실상은 비극의 수레바퀴를 굴리기 위해 우리의 초조함이 닦아놓은 것들인지도 모른다.

누구보다 초조함에 시달렸고 그것의 문제를 잘 알았던 작가 카프카. 그는 초조함이야말로 인간의 죄악이라고 했다. 그는 〈죄, 고통, 희망 그리고 진실한 길에 관한 성찰〉이라는 글에서 이렇게 말했다. "다른 모든 죄를 낳는 인간의 주된 죄 두 가지가 있다면 그것은 초조함과 무관심이다. 인간은 초조함 때문에 천국에서 쫓겨났고 무관심 때문에 거기로 돌아가지 못했다. 그러나 주된 죄가 단 한 가지라고 한다면 그것은 초조함일 것이다. 인간은 초조함 때문에 추방되었고 초조함 때문에 돌아가지 못한다." 아마도 그의 문학은 이 초조함을 몰아내려는 치열한 탐구의 결과물이었을 것이다.

그런데 나는 그 치열한 노력이 또한 철학이고, 철학이어야 한다고 생각한다. 철학한다는 것, 생각한다는 것은 곧바로 반응하지 않는 것이다. 그것은 지름길을 믿지 않는 것이다. 철학은 어느 철학자의 말처럼, 삶의 정신적 우회이다. 삶을 다시 씹어보는 것, 말 그대로 반추하는 것이다. 지름길이 아니라 에움길로 걷는 것, 눈을 감고 달리지 않고 충분히 주변을 살펴보는 것, 맹목이 아니라 통찰, 그것이 철학이다. 철학은 한마디로 초조해하지 않는 것이다.

여담 삼아 말하자면, 고대 이집트를 탈출한 이스라엘 백성이 저질렀던 죄의 정체도 초조함이었다. 시나이 산에 올라간 모세가 꽤 오랫동안 돌아오지 않자 그들은 초조해졌다. 그들은 제사장인 아론에게 몰려가 '신'을 만들어 달라고 청하였다. 아론은 그들의 청을 들어 금붙이를 모아 수송아지 하나를 만들었다. 나중에 시나이 산에서 내려온 모세가 크게 꾸짖자 아론은 이렇게 말했다. "그들이 나에게 와서 우리를 이집트 땅에서 데리고 나온 그 어른 모세가 어떻게 되었는지 모르겠다고 하면서 자신들을 앞장서 인도할 신을 만들어달라고 조르더군. 그래서 내가 금을 가진 사람이 없느냐고 했더니, 금을 가진 자들이 몸에서 금을 떼어다가 주기에 그것을 불에 넣었지. 그랬더니 이 수송아지란 놈이 나오더군." 아마도 아론이 말한 '불'은 이스라엘 백성이 느낀 불안과 초조의 감정일 것이다. 거기다 금붙이를 넣었더니 수송아지가 튀어나왔다는 것은 참 재밌는 말이다. 어떻든 야훼는 모세를 시켜 우상을 숭배한 백성을 삼천 명이나 때려죽였다. 단지 철학이 필요했던 백성에게 가한 형벌치고는 참으로 혹독한 것이었다.

갈림길
과
막다른 길 *

        길 위의 존재로서 우리가 마주하게 되는 곤란이란 크게 두 가지다. 하나는 길이 갑자기 나뉘어 어느 길로 가야 할지 모르게 되는 것이고, 다른 하나는 길이 막다른 곳에 이르러 더는 나아갈 수 없게 되는 것이다. 그런데 길을 모르거나 길이 없다고 느껴질 때, 내가 떠올리는 글이 하나 있다. 바로 중국 작가 루쉰이 쓴 어느 편지이다.

  내가 그 글을 읽게 된 것은 출판사에 근무하는 친구 덕분이다. 어느 해 봄, 나는 새로 낼 책의 원고를 탈고하며 출판사에 머리말을 보냈는데 그 편집자 친구가 루쉰의 글을 넣은 답장을 보내왔다. 그는 내 원고들을 오래 보아온 터라 내가 무슨 말을 하려는지 아주 잘 읽어낸다. 그런데 그가 답장 속에 넣어 보낸 루쉰의 문장들은 내 글

31

에 대한 공감을 넘어 어떤 채찍질을 담고 있었다. 누군가에게 정신의 문을 열어달라고 책을 쓴 거라면 모름지기 이 정도의 문장은 되어야 하지 않겠느냐고 하는. 비유컨대 내 글이 누군가의 정신에 겨우 노크나 하는 수준이라면 루쉰의 문장은 아예 문짝을 도끼로 내려찍는 듯했다. 그러니 설령 비슷한 내용을 담았다 해도 글은 전혀 다른 것이 되고 만다.

편집자 친구가 보내준 문장은 루쉰이 그의 연인 쉬광핑에 보낸 편지에서 따온 것이다. 엄밀히 말하자면 연인에게 보낸 것은 아니고, 이 편지로부터 그들의 연애가 시작되었다고 하는 편이 정확하다. 루쉰은 1923년 가을에서 1925년 봄까지 북경여자사범대학에서 강의를 했는데, 그의 소설사 수업을 듣던 학생 중의 하나가 쉬광핑이었다. 당시 쉬광핑은 군벌과 결탁해서 학교를 수구적으로 이끌어가던 총장에게 맞서 싸우던 학생들의 대표였다. 처음에 학생들은 열심히 싸웠으나 곧 학교 측의 회유로 분열되고 말았다. 쉬광핑은 당시 교육계의 타락, 그리고 졸업 후 안정된 지위에 연연해서 쉽게 타협하는 학생들의 처신에 울분을 토하며, 평소 누구보다 강직하다고 믿었던 선생 루쉰에게 긴 편지를 썼다. 게다가 모호한 답변은 사양이라며 선생을 꽤나 곤혹스럽게 했다.

삶의 나침반이 되어주기를 청하는 학생, 그것도 중국 사회의 불의에 대한 울분과 동료에 대한 낙담을 토로하는 학생에게 어떤 말을 해줄 수 있을까. 루쉰은 교육계에 대한 쉬광핑의 울분에 공감하면서도 자신이 건넬 말이 미래에 대한 거짓 위로, 즉 성직자가 고통받은 이들에게 건네는 '내세에서의 구원' 같은 것이 될까 염려한다. 그러면서 사실은 자기 역시 쓰디쓴 현실을 위로해줄 '설탕' 같은 것이 어디에 있는지 모르니 "백지 답안지를 내는 수밖에 없겠다"고 고백한다. 그의 답변은 언뜻 어떤 포기를 담고 있는 것처럼 보인다. 그러나 사실은 정반대라는 게 금세 드러난다. '별수 없다'는 답변을 한 뒤 루쉰은 "이제부터는 그럭저럭 세상을 살아가는 나만의 철학에 대해 말하려고 하니 참고"하라고 적었다. 설탕의 도움 없이 쓴맛을 쓴맛 그대로 느끼며 나아가는 루쉰의 문장, 그것은 이렇게 시작된다.

"인생이라는 긴 여정에서 우리가 쉽게 부딪히는 난관이 두 가지 있습니다. 그 하나는 갈림길, 즉 기로에 서는 겁니다. 갈림길 앞에서 묵적(묵자) 선생은 슬피 울며 돌아갔다고 합니다. 하지만 나라면 결코 울며 돌아가지 않을 겁니다. 우선 갈림길 입구에 앉아 잠시 쉬거나 한잠 자도록 하겠습니다. 그런 연후에 내가 갈 길을 정하여 다시 출발하겠습니다. 길을 가는 도중 자비로운 이를 만나면 그의 음식으로 허기를 채울지언정 결코 그에게 길을 묻지는 않겠습니다. 그 역시 앞길을 모르는 건 마찬가지임을 잘 알기 때문입니다. 만약 호랑이를 만난다면 나무 위로 기어 올라가 호랑이가 사라질 때까지 기다리겠습니다. 호랑이가 꼼짝 않고 서서 가지 않으면 굶어 죽는 한이 있어도 절대로 나무에서 내려오지 않을 겁니다. 나무에 허리띠로 몸을 묶어서 설령 그대로 죽는다 해도 호랑이가 내 몸을 건드리지 못하게 하겠습니다. 나무가 없다면? 그러면 별수 없지요. 호랑이에게 통째로 삼켜진다 한들 어쩌겠어요.

두 번째 난관은 '막다른 길'에 다다르는 것입니다. 이럴 경우 완적(위나라 시인)은 통곡을 하며 돌아섰다고 합니다. 하지만 나는 결코 그렇게 하지 않을 겁니다. 막다른 길 또한 갈림길에서와 마찬가지로 가시밭길이라 할지라도 헤쳐 나가야지요. 온통 가시덤불로 뒤덮여 도저히 갈 수 없을 정도로 험난한 길은 아직 본 적이 없으니까요. 나는 이 세상에 본디 막다른 길이란 존재하지 않는다고 확신합니다. 게다가 운 좋게도 이제껏 그런 난관은 아직 겪어보지 못했던 것 같군요."

참고로 내가 인용한 문장은 《루쉰의 편지》에서 가져온 것인데 내 벗이 보낸 번역은 조금 달랐다. 그 번역에서 몇 문장은 아주 어색하여 책과 비교하면 전체적으로 훨씬 거칠었다. 그러나 몇 군데는 아주 마음에 들었다. "자비로운 이를 만나 그의 음식으로 허기를 채울지언정"이라는 부분을 "음식을 빼앗아서라도 허기를 면하겠다"로 옮겼고, "호랑이가 내 몸을 건드리지 못하게 하겠다"는 부분은 "시체조차 호랑이에게 먹히지 않을 것이다"라고 번역했다. 모두 루쉰의 독기가 잘 묻어나는 번역이다. 게다가 나무가 없다면 호랑이에게 먹힐 수밖에 없다는 내용 뒤에는, 내가 읽은 책에는 없었던 문장 하나가 더 들어가 있었다. "나무가 없으면 방법이 없다. 잡아먹으라고 하는 수밖에. 하지만 호랑이를 한 번 물어도 괜찮을 것이다." 편지를 원문으로 읽지 못한 터라 어느 번역이 옳은지 판단할 수 없지만, 호랑이에게 먹히는 순간에도 "호랑이를 한 번 물어보는" 그 근성이 역시 루쉰의 기질에 잘 맞는다고 생각한다.

어떻든 갈림길에서 어디로 가야 할지 몰라 괴롭다면 일단 한숨 자고 생각해보라는 것, 길을 걷다 배고파 죽을 지경이면 음식을 빼앗아서라도 살아남으라는 것, 호랑이를 만나 죽게 생겼으면 나무 위로 피하고, 결국에 죽을 것이면 시체라도 넘기지 말 것, 별수 없이 호랑이에게 먹힌다면 그래도 한 번쯤은 호랑이를 물어보라는 것, 그야말로 모두가 사람을 오싹하게 만드는 말들이다. '막다른 길'에 이르러서도 마찬가지다. '막다른 길'이란 그것을 앞에 두고 울며 돌아가는 사람에게만 '막다른 것'일 뿐 그것을 헤쳐 나가는 사람에게는 그렇지가 않다. 루쉰 스스로는 '운이 좋아' 그런 막다른 길을 만나보지 못했다고 했다. 하지만 그가 막다른 길을 만나지 않은 것은 그가 어떤 길에 대해서 단 한 번도 '막다른' 곳이라고 인정하지 않았기 때문이다.

내 벗이 보내준 루쉰의 글에는 다 담기지 않았지만, 사실 루쉰은 쉬광핑에게 한마디를 더 건넸다. 쉬광핑에게 그는 '무작정 앞서는 용사들'일 필요는 없으며, 오히려 참호 안에서 때로는 "담배도 피우고 술도 마시며 노래도 부르고 카드놀이도 하다가" "불시에 총성이 울리면 언제 그랬냐는 듯 즉각 적을 향해 총구를 겨누는" 그런

35

'참호전'이라는 것도 있다고 했다. 이는 결코 나약한 태도가 아니다. 뭔가를 단번에 해결 지으려는 태도야말로 어떤 나약함과 관련이 있다.

앞에서도 말했듯이 초조함은 죄를 짓는다. 조금 여유를 갖고 다만 포기하지 않는 것. 이것이 초조함에 대한 루쉰의 답변이 아닐까 생각한다. 그러니 당신이 길을 걷다가 난관에 봉착했다면 한숨 자는 것도 괜찮다. 애초에 먼 길을 갈 것이라고, 좀처럼 포기하지 않을 것이라고 다짐했다면 말이다.

머리에 타는
불을 끄듯
공부하라

*

철학에 대해 이러쿵저러쿵 말하고 있지만 나도 그리 대단한 삶을 사는 사람은 아니다. 특히 2008년 내가 공부하던 공동체가 큰 혼란에 빠졌을 때, 나는 내 공부가 얼마나 취약했는지를 크게 실감했다. 대학원을 마친 이후로도 거의 20년을 공부했는데도 말이다.

나는 이 짧지 않은 공부 시간을 대부분 대학 바깥의 연구실에서 보냈다. 대학에 들어갈 자리가 있었던 것도 아니고 대학이 공부하기에 좋은 곳인지에 대한 회의도 있어서 굳이 거기서 자리를 찾지 않았다. 그러나 평생 공부를 계속하고 싶은 마음은 절절하고 경제 사정은 여의치 않았기에, 공부하며 살길을 찾아서 동료들과 만든 것이 '수유너머'라는 연구자 공동체였다. 그러니 이곳이 내게는 배

그런데 이곳도 하나의 공동체이고 그것도 '앎'과 '삶'에 대한 질문과 간섭이 많은 곳이다 보니 다툼이 없을 수 없었다. 예상하지 못한 일은 아니었다. 연구자 공동체를 시작할 때 우리 스스로 다짐한 바가 있었다. 우리는 싸움이 없는 공동체를 만들 게 아니라 싸움을 두려워하지 않는 공동체를 만들어야 한다고. 싸움을 무마하는 데 지식을 쓰지 말고, 오히려 싸움을 배움의 기회로 삼자고. 그러나 말이 쉽지, 전쟁을 한 차례씩 치르고 나면 배움을 얻는 것은 나중이고 일단 마음에 난 불을 끄기도 쉽지 않았다. 그나마 그 불을 다른 누군가에게 전가하지 않으면 다행이다.

취미든 소명이든 내 생업에서 벗어나 짬을 내어 활동하는 단체라면 문제가 생겼을 때 중이 절을 떠나듯 탈퇴하면 그만이다. 하지만 내가 평생 배우며 살아갈 곳으로 다짐한 터전이다 보니 별수 없이 온갖 요동을 다 견디어 내야 한다. 2008년에도 전쟁 같은 일이 터졌는데, 수습이 된 건지 확신할 수는 없었지만 일단 일의 가닥이 잡히자 나는 '수유너머'를 잠시 떠났다. 갑자기 지난 삶을 돌아보고 싶어졌다. 마음이 약해진 것이다.

어떻든 이 핑계 저 핑계 대고 떠돌았고 미국 땅까지 가게 되었다. 마음 한 편에서는 번다한 곳을 떠나 이제 조금 조용한 곳에서 공부하고 싶다는 마음도 간절했다. 그런데 신기한 것은 나를 아는 사람이 하나 없는 이역만리 타향에서도 고요하지 않았다는 점이다. 고요하기는커녕 시끄러워 미칠 지경이었다. 내 안에 있는 것들이 얼마나 고래고래 소리를 질러대는지, 게다가 이놈의 소리는 귀를 닫아 막아낼 수 있는 게 아니었다. 오히려 귀를 막을수록 더 또렷하고 혼자 걸을 때 더 시끄러웠다.

언젠가 '수유너머'의 어느 선생이 우리는 안정되는 게 더 위험하다고 말한 적이 있었다. 만약 그렇게 되면 감추어졌던 온갖 내면의 욕망이 다 출몰할 거고 아주 볼만한(?) 싸움이 벌어질 것이라고 했다. 내가 딱 그 짝이었다. 조용히 마음공부나 하겠다며 동료들과 헤어지고 가족에게서도 떠나왔는데, 정작 도망쳐온 것이 전쟁터에 뛰어든 꼴이라니. 기억 속에서 냉동 보관되어 있던 과거의 온갖 안 좋은 일들이 신선하게 튀어나오고, 나는 냄새 맡는 개마냥 거기서 코를 떼지 못했다.

지금이야 한시름 놓고 하는 말이지만, 한때 《생각한다는 것》이라는 책을 펴냈다는 게 부끄러웠다. 십 대를 위한 철학책이랍시고 내놓은 그 책에서 나는 '철학한다'는 것은 '의젓해지는 것'이라고 했다. 그런데 그 말을 다시 배워야 할 사람은 바로 나였던 것이다.

중국 남송 시대의 선사인 대혜스님은 시끄러운 곳을 떠나 고요한 곳에서 공부하려는 이에게 이런 말을 한 적이 있다. "세간의 번뇌는 활활 타는 불과 같으니, 그 불길이 어느 때 멈추겠습니까. 시끄러운 곳에서 바로 공부하는 일을 잊지 마셔야 합니다." "만일 고요한 곳을 옳다 하고 시끄러운 곳을 그르다고 하면 이는 세간상世間

것입니다. 고요한 것을 좋아하고 시끄러운 것을 싫어할 때가 바로
힘써서 공부해야 할 좋은 시기입니다. 시끄러움 속에서 갑자기 고
요할 때의 경계를 뛰어넘을 수 있다면 그 힘이 방석에 앉아 공부하
는 것보다 천만억 배 더 뛰어난 것입니다."

나를 포함해서 공부하는 이에게 쉽게 찾아드는 유혹 중 하나가
세상 소란에서 탈출하려는 것이다. 세상 번다한 일에 치일 때마다
조용한 곳에서 공부하고 싶다는 열망이 가득해진다. 니체의 말처
럼, 어쩌면 철학자들이 추구하는 진리 자체가 그런 도피적 성격을
갖고 있다. 생멸을 반복하는 우리 경험의 세계 즉 현상계는 무가치
한 것이고 진리는 불변의 세계, 즉 실재계에 있다는 생각. 세상살이
를 허깨비로 보고 참된 세계를 추구하는데, 그 참된 세계가 또 하나
의 허깨비인 꼴이다.

공부하는 이들은 시끄러운 곳을 피해 조용한 곳을 찾지만, 아마
도 우리가 공부하는 목적은 시끄러운 곳에서 고요를 얻는 것에 있
을 것이다. 세상과 거리 두기를 할 것이 아니라 세상 안에서 거리
두기를 해야 하며, 세상에서 벗어날 것이 아니라 세상을 벗어나게
하는 것이 공부일 것이다. 대혜스님이 "방석에 앉아 공부하는 것보
다 천만억 배의 뛰어난 힘"이라고 부른 것이 바로 거기에 있지 않
을까 싶다. "머리에 타는 불을 끄듯 공부를 하라." 선사의 말이 내
정신의 등짝을 내려친다.

2 장

배움 이전에
배움이 일어난다

힘을
보라
*

"노파나 노인에게서 원숙미 같
은 것을 보고, 아이들의 매력을 순결한 눈으로 본다." 초기 로마 황
제 중에는 스토아 철학에 정통한 이들이 많았다. 방금 내가 따온 문
장의 주인공, 마르쿠스 아우렐리우스 황제도 그중 한 사람이다. 노
인에게서 쇠약함 대신 원숙미를 보고 어린아이에게서 유치함 대신
천진난만함을 보는 눈, 나는 그런 스토아의 눈을 정말 좋아한다.

세상의 존재들은 서로 비교를 불허하는 독특함을 가졌고, 다른
것으로 대체할 수 없는 고유의 덕을 지녔다. 우리가 어떤 존재를 안
다는 것은 바로 그의 힘을 아는 것이다. 그리고 고유한 '힘'을 이해
하고 나서야 우리는 그 자체에서 수반될 수 있는 '약점'이나 '곤경'
을 아무런 '악의' 없이 그대로 볼 수 있게 된다.

훗날 《광해군-그 위험한 거울》이라는 제목의 책으로 묶인 강의를 들은 적이 있다. 그런데 이 책의 저자 오항녕과 나는 매우 독특한 방식으로 강의를 주고받았다. 그는 금요일 오후에 열린 내 강의에 참석했고, 나는 저녁 식사 후 열린 그의 강의에 참석했다. 오후에는 그가 내 학인이었고 저녁에는 내가 그의 학인이었다.

그를 몇 년 전부터 알아왔고 또 좋아하는 선배 학자이긴 하지만 구체적으로 따지고 들자면 우리는 학문적으로 긴장 관계를 형성할 수도 있는 사이다. 내 생각에 그는 지독해 보일 정도로 '사실'에 대한 확인을 중시한다. 그는 이 점에서 특정한 해석이 지배하는 역사학보다는, '사실'에 대한 충실한 고증을 바탕에 둔 기록학이 역사를 구원할 것이라고 말한다. 하지만 니체를 좋아하는 나는 '사실'보다는 '해석'에 더 관심을 둔다. 나는 '사실'에 대한 집착이야말로 특정한 태도, 특정한 해석에 기반을 둔 것이라고 비판한다.

사물과 세계를 바라보는 입장에서도 나는 그와 차이를 느낀다. 지금 우리 시대 기준으로 보면 그의 정치적 입장은 진보에 가깝다. 그러나 정치적 당면 문제를 떠나 사물을 바라보는 기본 태도는 보수적인 느낌을 준다. 가령 그는 "삶에서 개혁과 혁명이 필요한 시기가 있다"고 전제하지만 그래도 "생명은 … 안정을 요구하고 그 안정감에 따라 몸이 상쾌해진다"고 말한다. 그래서 정치나 사회를 바라볼 때도 "국정의 안정" 같은 것을 중시한다. 내가 민주주의를 '제도의 바깥', 더 나아가 '체제의 바깥'에서 사유하려고 하는 반면,

그는 '제도의 안정'이 갖는 중요성을 내게 지적한다. 어떻든 '세상은 변화이고, 불변이란 하나의 의견일 뿐'이라는 내 시각과 '생명은 안정을 요구한다'는 그의 시각 사이에는 보기에 따라서는 근본적인 차이가 있다.

하지만, 그럼에도 불구하고 우리는 두 달 동안 강의를 계속 맞교환했고 그 과정을 충분히 즐겼다. 나는 그것을 가능케 했던 것이 '눈'에 있다고 생각한다. 앞서 말한 '스토아의 눈' 말이다. 사물이든, 인물이든, 시대이든, 우리는 서로 '본 것'은 달랐을지언정 '보려는 것'은 같았다. 무언가를 이해하기 위해서, 그것이 가진 고유의 '힘'을 알아야 한다는 점에서 통했다.

그가 집필한 역사서 중에 《조선의 힘》이라는 책이 있다. 이 책에서 그는 광해군에 대한 세간의 평가를 뒤집었다. 잘 알려진 것처럼 광해군은 인조반정으로 쫓겨난 임금이다. 조선 내내 그에 대한 평가는 부정적이었지만 근래에는(저자에 따르면 일제강점기 식민사학 이후) 광해군에 대한 평가가 긍정적으로 바뀌었다. 광해군이 망해가는 명과 떠오르는 후금 사이에서 실용주의 외교를 펼쳤고 기득권을 쥔 양반들의 반대에도 대동법 등 민생개혁을 추진한 임금이었다는 것이다. 그러나 저자는 사료에 기초해서, 광해군에 대한 '20세기의 재평가'를 다시 뒤집으려 한다. 자신의 표현을 빌자면, 일종의 '반정反正'이다.

그가 인용한 사료들에 대한 평가와 해석은 관련 학자들의 몫일지 모른다. 그런데 내 생각에 그가 겨냥하고 있는 것은 광해군이 아니다. 다시 말해, 그는 광해군 개인의 공정한 포상 또는 형량을 정하려는 게 아니다. 그가 학문의 법정에 세우고 싶어 하는 것은 역사를 보는 이념이자 방법론으로서 '근대주의 역사학' 자체다. 그러니까 광해군이 문제가 된 것은 광해군 개인 때문이 아니라 광해군이 부활하는 맥락, 그를 부활시키는 데 전제된 역사에 대한 시각 때문이다.

임진왜란 이후 조선을 보는 다수 역사학자의 시선에는 '왜 조선은 근대화에 실패했는가'라는 물음이 깔려 있다. 패망과 식민화라는 우리가 아는 조선의 미래를 그 이전의 시간으로 되돌려 조선을 비평하는 것이다. 그러다 보니 근대로의 이행을 막았거나 근대화에 무능했던 요인들을 조선에서 찾아내는 게 역사학자의 소임처럼 되고 말았다. 낡은 성리학 이념에 빠져서 세상 물정 모르고 당쟁이나 일삼는 무능력한 조선 후기의 이미지가 그렇게 만들어졌다. 차라리 빨리 망했다면 좀 더 강한 근대화 국가를 세울 계기가 마련되었을 것이라는 자조 섞인 이야기도 나온다. 물론 이런 생각에 반대하는 역사학자들도 많다. 이들은 조선 안에 자생적인 근대화의 요소들이 있었다고 말한다. 가령 경제적으로 경영형 부농이 생겨나고 있었다거나 학문적으로 실학이 탄생했다는 식이다. 그는 이런 것들 모두가 실체가 불분명하거나 아주 제한적인 것들이라고 말한다. 정작 심각한 문제는 따로 있다고 본다. 근대 사회를 모든 사회가 도달해야 할 목표로 상정하고 그 눈으로 근대 이전 사회들을 평가하는 것, 그것이 병폐라는 것이다.

근대 사회를 목표 지점으로 잡다 보니 근대 이전의 모든 사회는 기껏해야 '근대 사회의 미숙아'들이 되고 만다. 근대의 잣대로 이전 역사를 덮어씌우는 것이다. 나는 언젠가 술자리에서 그가 화를 내며 내뱉었던 말을 기억한다. "우리는 걸핏하면 '전前근대적'이라는 말을 욕설처럼 사용합니다. 전근대적 노사 관행이라든지 하는 식으로 말이에요. 그런데 노사관계는 근대적이고, '전근대적'이라고 말하는 그런 관행은 근대사회인 우리 사회의 병폐이지 전근대사회에서 일어난 일이 아닙니다." 자신의 치부를 과거 사회에 책임 지우는 우리 시대의 못된 습관이라는 것이다.

그러고 보면 그의 한탄에 공감이 간다. 그는 이 땅에서 가장 오래 지속된 왕조, 무려 오백 년을 지속한 조선의 체제가 가진 '힘'이 무엇이었는지 우리가 잘 모른다고 말한다. 조선이 가진 '힘'에 대한 그의 해석에는 유보할 대목이 있을지 모르겠지만, 조선을 그것이 가진 '힘'으로부터 사유하려는 태도에 나는 완전히 공감한다. 나는 여전히 해석과 무관한 사실을 믿지 않지만, '사실을 해석에 동원'하는 역사주의에 맞서 '해석에 저항하는 사실들'을 드러내는 기록학자로서의 그의 태도를 지지한다(내 생각에는 그것이야말로 '해석에 맞서는 해석'을 가능하게 하기 때문이다).

무언가를 사유할 때는 '힘'을 보아야 한다는 것. 나 역시 이것에 대해 생각해볼 일이 있었다. 뉴욕대에서 '수유너머'에서의 경험에 대해서 발표할 때였다. 1998년에 생겨나 2009년에 여럿으로 갈라지기까지(사실상 10년 남짓의 실험은 일단 그렇게 일단락되었다) 우리의 활동을 소개하는 자리였다. 영어가 유창하지 않았기에 나는 발표문을 준비하면서, 청중들의 질문을 예상해서 영어로 간단히 메모해두었다. 그때 내가 예상한 첫 번째 질문은 '수유너머'가 왜 더 지속할 수 없었는지에 대한 것이었다. 그런데 실제 현장에서 나온 첫 질문은 완전히 반대였다. 발표를 듣고 있던 한 외국인 학자가 내게 물었다. "도대체 십 년 넘게 '수유너머'가 유지될 수 있었던 비결은 무엇입니까?" 프랑스의 파리코뮌을 연구했던 학자였는데, 그는 자율적인 공동체가 만들어지는 것도 어려운데 일정 기간 존속한다는 것은 정말 어려운 일이라고 덧붙였다.

그 질문을 들었을 때, 나는 당황했다. 나는 '수유너머'의 '힘'이 아니라 '약함'에 대한 답을 준비했던 것이다. 그리고 그 '약함'이라는 것도 그야말로 공동체 일반론을 피력한 것에 지나지 않았다. 생각해보면 정말 그렇다. 일을 해본 사람들은 공감할 터이지만, '되는 이유' 한 가지를 아는 것은 '안 되는 이유' 백 가지를 아는 것보다 중요하다. 물론 '안 되는 이유'도 참고는 해야겠지만, 실행을 가능케 하는 것은 궁극적으로 그것이 '되는 이유'이다. 요컨대 우리는 '힘'을 봐야 한다.

바로잡아주는
사람과
깨뜨려주는 사람

*

'그'는 자신이 철학의 본질적 문제들을 모두 해결했다고 믿었다. 그래서 높은 곳에 "사다리를 딛고 올라간 후에 그 사다리를 던져"버리듯 철학하는 걸 그만두어 버렸다. 그의 스승 버트란드 러셀은 그를 만난 지 얼마 되지 않았을 때 연인에게 보낸 편지에서 그를 "나의 꿈 바로 그 자체"라고 격찬했다. 하지만 언제부턴가 제자는 논리적 추론에서 스승의 지력을 뛰어넘기 시작했다. 세상을 깜짝 놀라게 한 책을 펴냈을 때 러셀은 소개 글을 붙였는데(출판사는 아무도 이해할 수 없을 것 같은 이 책을 팔기 위해서 러셀의 글이 필수적이라고 믿었다), 이때 그는 자신의 스승이 책을 제대로 이해하지 못했다고 확신했다.

기묘하게도, 그의 책을 제대로 이해했다고 할 만한 사람들이 많

51

지 않은데도, 어느 순간부터는 그 책의 위대함을 의심하는 사람도 많지 않게 되었다. 그는 그 유명한 책을 펴낸 후 정말 일을 다 해결한 사람처럼 시골로 떠나버렸다. 그로부터 10년쯤 뒤 그가 케임브리지에 돌아왔을 때 경제학자 케인스는 친구들에게 이렇게 말했다. "자, 신이 돌아왔다."

'그'가 바로 철학자 비트겐슈타인이고 그 책은 《논리철학논고》(이하《논고》)이다. 책의 서문에서 그는 철학적 문제들이란, "언어의 논리에 대한 오해에서 기인"하는 것이며, 이 책이 담은 메시지는 다음의 짧은 문장들로 다 표현할 수 있다고 했다. "말해질 수 있는 것은 명료하게 말해질 수 있다. 그리고 말할 수 없는 것에 대해서 우리는 침묵해야 한다." 어찌 보면 너무 자명하고 어찌 보면 너무 신비해서, 말하기도 뭣하고 침묵하기에도 뭣한 짧은 문장으로 말이다.

여기서 《논고》의 내용을 자세히 해설하려는 건 아니다. 내가 꺼내고 싶은 이야기는 어떤 '반대' 내지 '비판'에 대한 것이다. 너무도 완벽한 건축물로 보이던 이 책에서도 어떤 결함이 발견되었다. 《논고》의 주장에 내포된 문제를 지적했던 두 사람이 있었다. 내가 지금 하려는 이야기는 이 두 사람의 지적에 대해 비트겐슈타인이 보인 태도다.

그런데 이 '비판'을 이해하기 위해 개략적으로 《논고》의 주장을 파악해볼 필요가 있다. 통상 비트겐슈타인이 《논고》에서 펼친 주장을 '논리적 그림이론theory of logical portrayal'이라고 부른다. 비트겐슈타인은 세계란 사물들이 아니라 사실들(사태들)로 이루어져 있다고 주장했다("세계는 사실들의 총체이지 사물들의 총체가 아니다"). 예컨대 사과라는 사물 자체는 없으며, 세상에는 '빨간 사과', '둥근 사과', '깨진 사과' 같은 게 존재한다. 즉 '이 사과는 빨갛다', '이 사과는 둥글다'는 사실로 존재한다는 것이다. 그리고 이런 사실 속에 존재하는 연결('사과'와 '빨강' 연결)을 언어로 표현한 것이 명제이다. 언어와 사물은 전혀 닮지 않았지만('빨갛다'는 말은 전혀 빨갛지 않다), 사물로서의 '사과'와 '빨강'이 연결되듯 '사과'라는 말과 '빨강'이라는 말도 연결된다. 그러니까 명제('이 사과는 빨갛다')란 현실에 존재하는 '빨간 사과'를 언어로 그린 그림 같은 것이다. 반대로 '노래하는 사과'라는 표현에서 '노래'와 '사과'는 말로서는 연결되지만, 현실에서는 불가능한 연결(입 없는 사과와 입으로 부르는 노래는 불가능한 연결이다)이므로 애당초 명제가 될 수 없다. 비트겐슈타인은 우리의 명제들을 다 모으면 세계에 대한 우리 자신의 명료한 생각, 즉 사고thought가 된다고 했다.

연주자가 기호로 표시된 악보를 보고 연주하는 것처럼, 혹은 반대로 연주된 곡을 작곡자가 다시 악보로 옮겨놓는 것처럼, 우리의 언어는 세상의 일을 논리적 그림으로 그린 것이다. 그 자체로는 소리 나지 않는 악보가 멜로디로 전환될 수 있고, 소리인 멜로디가 그 자체로는 기호에 불과한 악보로 전환될 수 있는 것은, 질적으로 다른 표현이긴 하지만 둘 사이에 무언가 공통된 질서가 있기 때문이다.

비트겐슈타인의 말을 빌리자면, 사물들은 어떤 논리적 형식을 따라 연결되어 있다. 우리가 가진 명제, 그리고 그 명제들로 구성된 언어가 '사물들의 논리적 형식'을 잘 따르게 되면, 우리는 세계를 명료하게 인식하고 있다고 말할 수 있다. "우리가 하나의 명제를 이해한다는 것은 그 명제가 참일 때 무엇이 일어나는지 이해할 수 있다는 것이다." 이러한 사물의 연결 형식을 위반하거나 넘어서면, 우리의 말은 모두 '헛소리nonsense'이거나 '말할 수 없는 것에 대한 말'이 된다.

철학이란 무엇인가. 비트겐슈타인은 그것이 진리를 찾는 특정한 분과 학문이 아니라, 언어의 사용을 명료하게 해주는 활동이라고 했다. 즉 여러 학문의 주장 곁에서 그 주장을 명료하게 해주는 활동 같은 것이다. 말할 수 있는 것과 말할 수 없는 것을 구분해주는 역할이다.

《논고》에 대한 설명은 이쯤 해두자. 그는 문제를 해결했으므로 불필요한 사다리를 걷어차듯 철학계를 떠났다. 그런데 케임브리지 대학교에 다니던 프랭크 램지라는 청년이 문제를 제기했다. 램지는 불과 18세의 학부생 시절에 《논고》를 영역한 사람이었다. 그는 이듬해에 《논고》에 대한 서평을 잡지에 기고했는데, 이것이 비트겐슈타인의 눈길을 끌었다. 시골에 있던 비트겐슈타인은 램지를 초대해서 《논고》를 함께 읽어나갔다. 그리고 그 후에 램지와 편지를 몇 차례 교환했다. 그러는 중에 비트겐슈타인은 《논고》에 중대한 오류가 있다는 걸 깨달았다.

《논고》에는 소위 '색깔-배제color-exclusion' 문제가 나오는데 램지는 그 문제에 들어 있는 어떤 것이 《논고》의 다른 명제와 충돌한다고 지적했다. 여기서 그 내용을 자세히 설명하지는 않겠지만, 램지는 비트겐슈타인이 몇몇 주장만 철회한다면 그 문제가 해결될 수 있다고 믿었다. 그러나 《논고》라는 '완벽한 건축물'의 설계자였던 비트겐슈타인의 생각은 달랐다. 그는 이 문제가 단지 몇 개의 명제에 국한되지 않고 책 전체의 주장에 파괴적 영향을 미칠 수밖에 없다고 판단했다. '완벽한 건축물'에서는 단 하나의 부실이 전체를 무너뜨릴 수 있다. 그것이 아주 작은 나사라고 해도 말이다.

결국, 비트겐슈타인은 다시 철학계로 돌아와야 했다. 그런데 정말 놀라운 점은 모두가 찬탄했던 그 아름다운 건축물을 부수는 데 있어서 그가 아무런 망설임도 보이지 않았다는 것이다. 그는 문제에 대한 자신의 접근법을 통째로 바꾸어버렸다. 그렇게 해서 사람들이 말하는 '또 하나의 비트겐슈타인', 전기의 입장과는 사실상 정반대 편에서 전기만큼이나 위대한 철학적 입장을 개진한 '후기 비트겐슈타인'이 탄생했다.

철학사에서 또 하나의 이정표가 된 '후기 비트겐슈타인'의 책 《철학적 탐구》의 서문에는 그 자신의 견해를 근본부터 다시 검토하게 한 이탈리아 경제학자의 이름이 나온다. 바로 피에로 스라파Pierro

^{Srrafa}다. 비트겐슈타인과 스라파는 케임브리지에서 자주 이야기를 나누었다고 한다. 여기에는 유명한 일화가 있다. 비트겐슈타인이 스라파에게 "명제와 그것이 기술하고 있는 일 사이에는 동일한 논리적 형식이 있어야 한다"고 말했다. 전기 비트겐슈타인의 핵심 주장 중 하나이다. 그러자 스라파는 손가락 끝으로 자기 턱을 쓰다듬는 행동을 했다. 그것은 나폴리 사람들이 어떤 혐오나 경멸을 표현할 때 쓰는 몸짓이었다. 그러면서 스라파가 물었다. "이것의 논리적 형식은 그럼 무엇인가요?"

스라파의 몸짓은 분명 명제가 아니었다. 하지만 어떤 의미를 지녔다. 게다가 그 의미는 사회적 맥락과 상황을 이해해야만, 다시 말해서 그 '용법'을 알아야만 뜻을 알 수 있다. 논리학이 다루는 명제는 아주 순수하고 선명해야 하는데, 그것은 일상의 언어 사용과는 매우 달랐다. "'누군가 대충 이쯤에 서 있어'라고 말하면 이 말은 과연 쓸모없는 말일까?" 가령 요리할 때 간장을 한 술 넣으라고 해서 약제사가 약을 지을 때처럼 간장을 계량기로 측정해야 할까? 우리는 "요리사들이 약제사가 지닌 정확성을 지키지 못했다고 비난해야 할 이유가 없다." 비트겐슈타인은 자신이 전기에 주장했던 이상적인 조건들이 현실과는 괴리된 공허한 것이 아닌지 의심했다. 아무런 마찰도 없는 수정체 같은 언어, 그것은 천상의 언어일지는 몰라도 대지의 언어는 아니었다. 오히려 그는 "마찰이 없는 빙판"으로는 걸어 들어갈 수 없다는 것을 알게 되었다.

스라파의 질문을 계기로 해서, 비트겐슈타인은 자기 철학을 근본적으로 수정한다. 언어를 제대로 사용하기 위해서는 상황을 두루 살피는 것이 필요했다. 철학이 '말할 수 있는 것'과 '없는 것'을 가르는, 사고의 명료화 활동이 아니라는 것을 깨달은 것이었다. 철학자는 사태의 주위를 두루 살피는 사람이어야 했다. 논리학자들은 현실에 논리적 형식을 부과하려 들겠지만, 현실은 "거기에 저항하는 풍부하고 다양한 살아 있는 형태"로 이루어져 있다. 이후 비트겐슈타인의 삶에 대한 태도가 어떻게 변했을지는 쉽게 추측할 수 있다.

한편, 비트겐슈타인의 일기에는 《논고》의 오류를 지적했던 램지에 관한 짧은 메모가 있다. 《철학적 탐구》의 서문에서 그는 램지와 스라파 모두에게서 힘입은 바가 크다고 말했지만, 내밀한 일기에는 조금 다르게 적었다. "훌륭한 반대는 전진하는 것을 돕지만, 피상적인 반대는 비록 그것이 타당한 것일지라도 사람을 지치게 한다. 램지의 반대 의견은 이런 종류의 것이다. 피상적인 반대는 문제를 그것의 생명이 있는 뿌리부터 파악하지 못하고, 너무 바깥쪽에 있어서, 비록 그 문제가 틀렸더라도 아무것도 고칠 수 없다. 훌륭한 반대는 문제 해결을 향해 나아가게 하지만 피상적인 반대는 일단 극복된 후에는 한쪽으로 치워버릴 수 있다. 마치 나무가 계속 자라기 위해 줄기의 마디에서 구부러지는 것처럼 말이다."

전기 비트겐슈타인의 《논고》를 누구보다 잘 이해했고 사랑했기에 몇 가지 사소한 문제만을 수선해서 바로잡으려고 한 램지. 아예 문제 설정 자체를 무시하고 깨뜨린 스라파. 기꺼이 자신이 세운 위대한 건축물을 부수고 완전히 새롭게 다시 시작한 비트겐슈타인. 그렇게 세 사람이 있었다. 당신은 이 세 사람의 태도에 대해 어떻게 생각하는가?

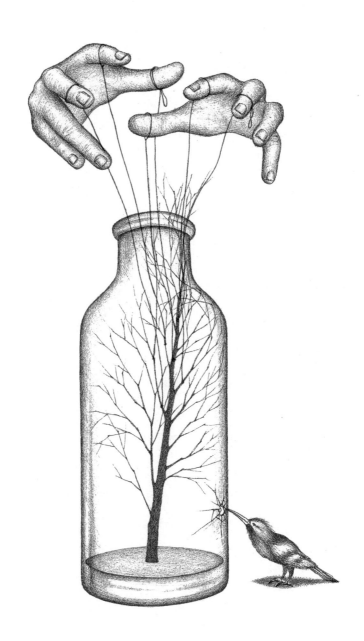

공부를
준비할 필요는
없다 *

　　주말이 되면 나는 종종 딸의 손을
잡고 서점에 가는데, 어린이 책 서가로 가는 길에 청소년 코너를 지
나치게 된다. 거기 서가를 채우는 책들은 대부분 형형색색의 학습
참고서이고, 소위 베스트셀러는 대개가 무슨 무슨 '공부법'이다. 공
부하는 수십만 명의 학생들이 사서 본다는 '공부법'이라는 책들. 나
는 읽어보지 않아서 어떤 내용이 들어 있는지 모른다. 다만, 그 제
목은 뭔가를 생각나게 한다. 그 책들은 마치 '공부가 잘 안 되는 이
유는 공부하는 방법을 모르기 때문'이라고 말하는 것 같다. 그러니
까 먼저 방법을 알아야 공부가 된다는 것인데, 이런 주장과 관련해
서 떠오르는 철학 논쟁이 있다.

　철학도 공부의 한 종류로 보고 별도의 '방법론'을 주장하는 사람

들이 있다. 진리를 구하려 해도 잘못된 방법으로 행한다면, 헛된 수고가 되지 않겠느냐는 것이다. '생각한다. 고로 존재한다'고 했던 철학자 데카르트 역시 그렇게 말했다. 그는《정신지도를 위한 규칙들》이라는 책에서 이런 예를 들었다.

> 대장장이가 있다고 하자. 아마도 그는 곧바로 칼이나 투구, 다른 철제 제품들을 만들려고 하지는 않을 것이다. 그는 그런 것들을 만들기 위해 망치와 모루, 집게 및 다른 도구들이 필요하다는 것을 알기 때문이다. 당장에 그런 도구들이 없다면, 자갈을 쓰고 나뭇가지를 써서 필요한 것을 만들겠지만, 어떻든 결국 칼이나 투구 등을 그것들로 만들 수는 없기에, 그는 먼저 망치, 모루, 집게 같은 것을 만드는 데 정성을 기울일 것이다.

데카르트는 자신이 말하려고 했던 바를 이렇게 정리했다. "우리가 최초로 발견할 수 있는 것은 기예에 의해 획득되었다기보다는 우리 정신에 내재해 있는 것으로 보이는 간단한 규칙들이기 때문에, 우리는 이 규칙들을 갖고 곧바로 철학의 쟁점을 판정하려 해서도, 또 수학의 어려움을 해결하려 해서도 안 된다. 오히려 우리는 진리 탐구에 더 긴급히 요구되는 것을 아주 열심히 찾는 일에 이 규칙들을 활용해야 한다." 여기서 그가 '진리탐구에 더 긴급히 요구되는 것'이라고 말한 것이 바로 '방법'이다. 방법은 진리탐구를 위한 일종의 '사전준비'라고 할 수 있다.

그런데 이 유명한 철학자 데카르트의 정리에 대해서 스피노자가 문제를 제기했다. 우리의 인식을 위해 어떤 방법이 먼저 필요하다면 그 방법을 알기 위해서는 또 어떤 방법이 필요하지 않을까? 방법을 아는 방법, 그리고 다시 방법을 아는 방법을 알기 위한 방법…. '진리탐구를 위해 사전에 요구되는 방법'이 필요하다고 생각하게 되면 우리는 이런 무한 퇴행의 문제에 다다를 수밖에 없다. 스피노자는 《지성개선론》에서 데카르트를 겨냥해서 말했다. "금속을 연마하기 위해서는 모루가 필요한데 모루를 갖기 위해서는 이 모루가 만들어져야 하며, 이를 위해서는 또 다른 모루 및 또 다른 도구들이 필요한데, 다시 이것들을 갖기 위해서는 다른 도구들이 필요하고, 이처럼 무한히 진행된다."

정리하자면 데카르트는 진리를 얻기 위해 우리에게는 '모루'와 같은 '사전준비'가 반드시 필요하므로 그것을 얻는 데 주력해야 한다고 했다. 그런 준비 없이 곧바로 진리를 얻는 일에 착수해서는 안된다고. 그에 대해 스피노자는 진리를 얻기 위한 사전 준비는 없다고 말한다. 준비는 그 '준비를 위한 준비'의 문제를 계속 제기할 것이고, 마치 공부를 한다면서 연필만 깎고 있는 학생처럼, 인식은 지연되고 결국에는 회의주의자들처럼 우리에게는 인식할 수 없다고 말하게 될 것이다.

그러나 어떻든 사람들은 실제로 금속을 연마하고 사유를 한다.

논리상으로는 '방법을 위한 방법', '준비를 위한 준비'라는 문제 때문에 인식할 수 없어야 하지만 사람들은 실제로 인식을 한다. 그것이 어떻게 가능할까? 우리의 논리에 문제가 있었던 것은 바로 '방법'이 '인식'의 선행조건이라고 생각한 것에 있다. 그런 생각 때문에 우리는 선행조건의 선행조건을 다시 생각해야 했던 것이다.

하지만 스피노자 식으로 말하자면 앎을 생산하기 위한 선행조건 같은 것은 없다. 방법이란 공부의 선행물이 아니라 공부의 결과물이다. 예컨대 수영법을 알고 난 후에야 물에 들어가 수영을 할 수 있는 게 아니다. 오히려 물에 들어가 조잡하게라도 수영을 시작한 뒤에 우리는 수영법을 알게 된다. 사실 '수영법을 안다'는 말은 '수영을 할 수 있다'는 말과 다르지 않다. 그러니 '수영을 하는 것'과 '수영을 하는 방법'은 별도로 존재하는 게 아니다. 수영을 할 수 있는 한까지 우리는 또한 수영하는 방법을 알고 있는 셈이다.

데카르트가 든 예시에 스피노자의 생각을 풀어보자면 이렇다. 아마도 처음 공부를 시작하는 사람에게는 '모루'같이 세련된 것이 곧바로 주어지지는 않을 것이다. 망치로 쓸 수 있는 것은 주변에 널린 자갈에 지나지 않고, 집게라고 하는 것은 그저 나뭇가지에 지나지 않았을지 모른다. 그러나 바로 그것이 인식의 시작이고 공부의 시작이다. 우리가 그것들로 뭔가를 만들어내는 한에서 말이다. 그다음에는 부싯돌을 서로 부딪쳐 불을 만들어내고 그 불로 청동을 뽑아낸다. 청동으로 만든 망치로 철광석을 캐내서 철을 추출하고 결국에는 모루도 만들어내고 투구와 칼을 생산해낼 것이다. 투구와 칼을 만드는 데 필요한 '모루'는, 청동 망치가 그렇고 나중에 얻는 투구와 칼이 그렇듯이, 앎의 과정에서 얻는 것일 뿐 무슨 절대적인 사전 준비물이 아니다.

내가 가진 것이 자갈과 나뭇가지뿐이어서 아직 공부를 할 수 없다고 생각하는 것은 잘못이다. 그것은 공부를 늦추는 핑계일 수는 있어도 공부에 대한 참다운 인식은 아니다. 공부는 언제든 할 수 있고, 당연한 말이지만, 바로 시작함으로써만 시작되는 것이다. 공부란 자신이 가진 미약한 것에서 시작해서 계속해서 앎을 생산하고 더 나아가는 것이지, 어떤 방법을 알아내서 단번에 도달하게 되는 게 아니다. 진리에 이르는 방법은 따로 없고 진리가 가는 길이 진리의 방법이다. 그리고 공부란 그 길을 스스로 내면서 나아가는 일이다.

우리는
모르는 것을 가르칠 수
있다 *

공부란 무언가를 배우는 일이다. 그런데 우리는 도대체 무엇을 배우는 걸까? 우리가 몰랐던 지식과 정보일까? 스승은 우리에게 그런 것을 전해주는 사람일까? 1818년 루뱅 대학의 한 프랑스 문학 강의실에서 벌어진 일은 우리의 이런 생각을 무색하게 한다.

처음에는 선생도 학생도 참 난처한 상황에 처해 있었다. 당시 네덜란드령이었던 이 지역 학생들 대다수는 네덜란드어를 구사했다. 이들은 프랑스어를 전혀 몰랐다. 그런데 프랑스인 강사는 네덜란드어를 전혀 몰랐다. 학생은 선생의 언어를 모르고, 선생은 학생의 언어를 모르는데 무언가를 배우고 가르치는 일이 가능할까. 그런데 놀랍게도 그 수업을 마친 학생들은 프랑스어를 말하기 시작했고 프랑스어 문장을 거의 작가 수준으로 써냈다. 선생은 가르칠 수 없었지만, 학생들은 배울 수 있었던 것이다.

조제프 자코토[J. Jacotot]. 당시 네덜란드어에 무지한 채로 네덜란드 학생에 프랑스어를 가르쳤던, 아니 가르칠 수는 없었지만 배우게 했던 선생의 이름이다. 철학자 자크 랑시에르[J. Ranciere]는 자코토를 '무지한 스승'이라고 불렀다.(출처: 《무지한 스승》) 학식 있는 선생이 그 학식을 제자에게 전달한다는 통념에 비추어 본다면, '무지한 스승'이라는 말은 교육학의 통념에 관한 대단한 도발이 아닐 수 없다.

일단 자코토의 교수법, 즉 가르칠 수는 없었지만 배울 수는 있었던 그 과정이 어떻게 진행되었는지 살펴보자. 자코토는 자신과 학생들을 연결할 끈을 하나 찾았다. 당시에는 프랑스어-네덜란드어 대역판으로 출간된 《텔레마코스의 모험》이라는 이야기책이 있었다. 이 책에는 프랑스어와 네덜란드어가 함께 실려 있었기에, 자코토는 학생들에게 네덜란드어 번역문을 참조해서 프랑스어를 배우게 했다. 그는 학생들로 하여금 텍스트 일부를 암송하게 하고 그것이 잘되는지만 확인했다. 자코토는 프랑스어 철자법도, 동사 변화도 도무지 가르칠 수 없었다. 네덜란드어를 몰랐기 때문이다. 하지만 학생들은 자신이 아는 단어에 상응하는 프랑스어 단어를 보고는 이치를 깨달았다. 선생인 자코토는 여전히 네덜란드어를 말하지 못했지만, 학생들은 어느 순간부터 프랑스어를 구사하기 시작했다. 그들은 자코토가 가르치지 않았고 가르칠 수도 없었던 프랑스어의

66

철자법과 동사 변화를 이해해버렸다.

재미있는 사실은, 스승인 자코토 자신도 학생들이 했던 체험을 겪어봤다는 점이다. 1792년에 그는 중학교의 수사학 선생이었다. 그때는 프랑스 혁명 직후였기에 정세가 불안정했다. 그해에 무장봉기에 대한 호소를 듣고 그는 곧바로 포병대에 입대했다. 우연한 상황에서 동료의 추대를 받아 장교가 된 그는 별수 없이 포탄의 궤적을 이해해야 했는데, 놀랍게도 수준급의 포수 실력을 발휘했다. 수사학 교사이자 라틴 문헌학자였던 그가 대단한 포탄 사수가 된 것은 시작에 불과했다. 그는 화약을 다루는 부서에 얼마간 근무한 뒤에 군에 입대한 노동자에게 속성으로 화학을 가르치는 임무를 수행하게 된다. 얼마 뒤에는 신설된 이공계 고등교육기관인 '에콜 폴리테크닉'에서 행정직으로 근무하게 됐는데, 그 와중에 수학자가 되어 디종 대학에서 수학을 가르쳤다. 여기가 끝이 아니다. 그는 나중에 히브리어까지 가르쳤다. 항상 상황은 너무 위급했고 여러 경우에 그는 스승 없이 해내야 했다. 그때마다 그는 자신에게서 배우는 능력이 발휘된다는 걸 느꼈다.

언뜻 보면 대단한 능력자, 대단한 천재가 아닐 수 없다. 하지만 우리가 자코토를 천재라고 불러야 한다면, 천재성은 그의 화려한 경력에 있지 않을 것이다. 오히려 그 천재성은 자신의 경험 속에서 도출해낸 결론, 즉 자신은 천재가 아니라는 것, 인간은 모두 똑같은 지적 능력을 갖고 있다는 것, 자신이 천재라면 모든 인간이 천재라고 하는 결론을 도출한 데 있다.

물론 이것이 곧 스승이 쓸데없는 존재라는 뜻은 아니다. 중요한 것은 배움의 과정 중에 스승이 어디쯤에서 어떻게 개입하는가이다. 분명 자코토는 아이들에게 학식을 전달하지 않았다. 그럼에도 그는 무언가를 하게 했다. 굳이 말하자면, 그는 아이들을 어떤 상황 속에 몰아넣었다. 배움의 의지가 발휘되어야 하고 또 발휘될 수 있는 상황 속에서 배우는 자들이 혼자 설 수 있도록 했다. 자코토 자신도 그랬고, 나중에는 그의 학생들도 그랬다. 그가 개입한 부분이 있다면 그것은 학식 쪽이 아니라 의지 쪽이었다. 그는 제자로 하여금 선생의 내면에 있는 지식에 도달하게 하는 사람이 아니라, 제자 안에 있는 것을 스스로 발견하게 돕는 선생이었다. 자코토는 입버릇처럼 말했다고 한다. "인간이 할 수 있는 것이라면 당신들은 무엇이든 할 수 있다"고. 당신과 동일한 지적 능력이 명사도 만들었고, 수학 기호도 만들었으며, 책을 썼고, 그림도 그렸다고.

사실 지적인 능력을 포함해서, 인간의 '능력'은 잠재적이어서 그것이 모두에게 똑같이 부여되었는지는 알 길이 없다. 우리가 잴 수 있는 것은 단지 지적 능력이 실현된 결과일 뿐이다. 우리는 현실에서 한 인간의 성취가 차등적 능력 때문인지, 동일한 잠재 능력의 차등적 발현 때문인지 알 길이 없다. 따라서 '인간의 능력은 평등하다'는 것, '인간이 할 수 있는 모든 것을 당신도 할 수 있다'는 생각은 선험적으로 정당화할 수 없는 믿음이다(물론 그 반대, 즉 '인간의 능력은 불평등하다'는 것 역시 믿음에 불과하다). 내 생각에 자코토의 위대함은 그런 믿음이 아니라 그것을 입증하려는 노력에 있다. 그는 누군가가 어떤 능력을 발휘하지 못할 때 그것을 능력이 불평등한 증거로 삼지 않았다. 대신에 능력이 발휘될 수 있도록 현실적으로 돕고자 했다. 이것이 그가 평등을 입증하는 방식이었다.

아마도 자코토 역시 세상에 '바보들'이 있다는 것을 부인하지 않았을 것이다. 다만, 그가 내린 '바보'의 규정은 남들과 다르다. 바보는 능력이 없는 자가 아니다. 바보는 다만 '욕구가 멈추어버린 자들', '의지가 꺾인 자들'이다. 의지가 꺾인 곳에서 지능은 발휘되지 않는다. 불평등의 현실을 본래 주어진 것으로 받아들일 때, 또 현실 사회에서 우월한 자들이 실제로 자신보다 우월한 자들이라고 생각해버릴 때, 우리는 정말 '바보'가 되고 만다. 그러니까 '바보'는 자신의 부족함을 아는 겸손한 사람이 아니라, 현실적 차별을 그대로 인정하고 심리적으로 수긍하기 위해 자기 능력을 부인하고 자신을 무시하는 사람이다.

자코토의 철학(그리고 그에 대한 랑시에르의 해석)은 스승과 교육이 무엇인지 잘 보여준다. "문제는 식자識者를 만드는 것이 아니라, 스스로 지능에서 열등하다고 믿는 자들을 일으켜 세우고, 그들을 자신들이 빠져 있는 늪에서 빼내는 것이다. 무지의 늪이 아니라 자기 무시의 늪에서 말이다." 교육이란 학생의 머릿속에 무언가를 집어넣는 일이 아니라 그들을 각성시키는 일이다. 내가 아는 것을 그가 아는 게 중요한 것이 아니다. 자기 스스로 해방된 인간임을 아는 것, 그 자신이 능력자라는 사실을 아는 것이 중요하다.

자코토에게는 이런 에피소드도 있다. 평등에 대한 그의 굳은 신념 때문이었겠지만, 당시 진보적 인사들은 그에게 큰 지지를 보냈다. 그런데 그는 자신을 찾아온 진보 인사에게 그가 품고 있는 엘리트주의, 즉 자신의 이념을 인민에게 교육해야겠다고 믿는 태도를 꼬집는 한마디를 던졌다. "여보게, 나는 내가 모르는 걸 가르칠 수 있다네."

구경꾼
맘속에서 일어난
혁명

*

우리는 살아 있는 모든 순간에 잘 살아야 한다. 그리스 철학자 에피쿠로스가 밝혔던, 어린아이부터 노인까지 모두 철학을 해야 하는 이유이다. 그런데 생애의 모든 순간에 잘 살아야 한다면, 우리는 또한 생애의 모든 순간에 '잘 사는 것'이 무엇인지 물어야 할 것이다. 소크라테스의 삶에 대해 내가 감동하는 이유 중에 하나도 그것이다. 그는 독배를 든 뒤에도 숨이 붙어 있는 마지막까지 삶을 꽉 채워서 철학을 했던 인물이다. 그러고 보니 디오게네스도 비슷한 이야기를 했다. 누군가 그에게 '이제 나이가 들었으니 쉬어야 하지 않겠느냐'고 했을 때 이렇게 답했다고 한다. "내가 달리기를 하고 있는데 결승점에 다가간다고 달리기를 멈추어야 할까?"

71

지금 내가 하려는 이야기의 주인공도 그런 사람이었다. 임마누엘 칸트. 내가 제일 좋아하는 그에 대한 찬사는 들뢰즈가 한 것이다. "위대한 저술가가 새로운 탐구를 시작하는 경우가 드문 나이에 칸트는 그를 의외의 과제에 몰두하게 한 문제에 직면하게 된다." 칸트 나이 65세가 지나서 출간한《판단력 비판》을 두고서 한 말이다.

앞서 말했듯이 '뭔가를 시작하기에 너무 늦은 나이'란 존재하지 않는다. 그것은 대개 뭔가를 시작하는 것이 불편하거나 두려운 사람들이 위안 삼아 하는 말이다. 하지만 역시 현실에서는 노년에 무언가를 시작하기가 쉽지 않다. 뭔가를 지키고 마무리하는 데 노년을 쓰는 사람은 많아도, 노년에 더 큰 자유를 갈구하고 새로운 사유를 시도하는 사람은 드물다. 과거의 성취가 큰 사람일수록 특히 그렇다.

칸트가 일흔넷에 출간한《학부들의 논쟁》은 현대 대학의 기초교양학부에 해당하는 '철학부'와 나머지 전문학부(법학부, 의학부, 신학부) 사이의 관계를 다루고 있다. 이 책에는 학문하는 사람들이 가져야 할, 특히 대학이 가져야 할 개방적 태도(비판이성 외에는 어떤 권위도 세우지 않고, 어떤 조건이나 제약도 없이 열려 있는 정신), 즉 오늘날 한국의 대학 사회에 꼭 필요한 주장들이 담겨 있다. 그런데 내가 이 책에서 정작 흥미를 느낀 것은 '혁명'과 '진보'에 대한 그의 생각이었다. 이 책에서 칸트는 '인류는 끊임없이 진보하는가'라는 물음을 던진다. 당시 그의 화두는 프랑스 혁명이었다. 이 책의 출간 연도인 1798년은 혁명이 일어난 지 거의 10년이 다 되어갈 때이다. 혁명 직후의 풍파가 몇 해 지속된 것을 생각하면 말 그대로 혁명을 다 지켜본 후에 쓴 글이라고 하겠다.

인류는 진보하는가? 아주 흔한 질문 같지만, 사실은 상당히 까다롭고 도전적인 질문이다. 칸트는 물음을 던져놓고는 '당신은 이 질문이 무엇을 묻는 건지 알고나 있는가?'라고 묻는 듯하다. 지금 우리가 찾고 있는 것은 "과거의 역사가 아니라 미래의 역사, 즉 예언적 역사입니다." 역사는 과거에 대한 것이지만 인류의 진보에 대해 말하는 순간, 우리는 '인류의 미래가 지금보다 나을 것'이라고, 다시 말해 우리는 '미래에 대한 통찰'로서 역사를 말하는 것이다. "자, 어떻게 아직 경험하지 않은 역사를 말할 수 있을까요?" 도무지 일흔이라는 나이가 믿기지 않을 만큼 그의 질문은 도전적이고 새롭기만 하다.

우리의 경험은 '경험하지 않은 역사'를 말하는 데 충분치 않다. 설사 우리가 경험을 통해 어떤 진보를 확인했다고 해도 시간이 지난 후 그것이 다시 퇴보할지 알 수 없는 노릇이며, 퇴보에 절망하고 있다 해도 먼 훗날 반전이 있을지 어찌 알겠는가. 하지만 경험이 미래를 말하는 데 불충분한 것이라고 해도 경험을 떠나서 미래를 말할 수도 없는 노릇이다. 신비한 점술에 빠지지 않을 것이라면 말이다.

관건은 우리의 경험에서 미래에 대해 말해 줄 무언가를 찾는 것이다. 점성술사는 별을 보겠지만, 우리는 경험을 살펴야 한다. 칸트는 이렇게 말한다. "인간사에는 분명 인류가 자신을 개선시키는 힘을 가졌음을 보여주는 어떤 경험, 그러니까 실제로 일어난 사건 같은 게 있습니다." 우리는 그 '사건'을 징표 삼아 그것을 일으킨 원인이 지금도 작동하는지 생각해 볼 수 있다는 것이다.

도대체 현재의 어떤 사건이 그런 징표가 될 수 있을까. 여기서 칸트는 규모라든가 화려함 같은 것에 속으면 안 된다고 말한다. "내가 말하는 사건은 처음에는 작아 보였는데 대단한 것이었다든가, 대단한 것처럼 보였는데 실제로 별 볼 일 없는 것이었다든가 하는 그런 사건이 아닙니다." 정말 중요한 사건, 우리에게 인류의 개선과 미래의 역사에 대해 말해주는 사건은 어찌 보면 너무 조용하게 일어난다. 그것은 사건의 당사자들에게 일어나는 것도 아니다. 오히려 칸트는 구경꾼들, 어떤 사건이 일어나는 동안 그것을 지켜본 사람들의 맘속에서 일어난 일에 주목한다. "거대한 정치적 변동의 드라마가 일어나는 동안에 그것을 지켜본 사람들의 태도", 진짜 혁명은 거기서 일어난다.

이해당사자도 아닌 사람들이 어떤 불이익조차 감수하고 나서게 되는 순간이 있다. 아니 행동에 직접 나서지 않더라도 맘속에서 어떤 변화를 겪게 되는 순간이 있다. 내 일이 아니지만 그것을 지켜보며 맘속에 공감이 일어날 때, 우리는 '개인'이 아니라 '인류'를 느끼는 것이다. 그때만이 우리는 '개인'이 아니라 '인류'가 '나아지고 있는지'에 대해 뭔가를 말할 수 있다. 칸트는 프랑스 혁명이 바로 그런 사건이라고 생각했다. 그 혁명이 인류의 진보를 말해줄 수 있다면 그것은 그 혁명을 주도한 프랑스인들 때문이 아니라 그 혁명을 지켜보며 가슴속에서 동참의 욕구를 느낀 사람들, 이를테면 프랑스에서 백 마일도 더 떨어진 독일인들의 맘속에 일어난 변화 때문일 것이다. "어떤 재능 있는 민족이 우리 시대에 일으킨 이 혁명은 성공할 수도 실패할 수도 있습니다. 하지만 나는 이 혁명이 그것을 지켜본 모든 구경꾼의 마음에서, 욕망에서 이미 일어났다고 말하고 싶습니다."

프랑스에서 일어난 프랑스 혁명은 실패할 수도 있고, 또 그런 식의 혁명은 당분간 일어나지 않을 수도 있다. 하지만 프랑스 혁명을 낳은 원인은 이미 작동하고 있고, 무엇보다 그것을 지켜본 다른 민족들의 맘속에서 '이미' 일어나버렸다. '이미' 일어난 일, 그것이 현실 체제에서 어떻게 구현될지, 언제 불거질지는 확정할 수 없지만, 그것은 '이미' 일어나는 데 성공해버렸다. 유럽의 봉건지배 세력들은 그것의 구현을 방해할 수도 있고 실제로 그렇게 했지만, 혁명을 지켜본 유럽인들의 맘속에서는 봉건주의가 '이미' 끝나버렸다. 현실의 봉건체제가 언제 끝날지 누구도 예언할 수 없지만, 칸트는 진보를 확신할 수 있었다. 왜냐하면, 그것은 '이미' 일어난 일에 대해 말한 것이기 때문이다.

니체는 폭풍을 불러오는 말은 가장 고요한 시간에 비둘기 걸음으로 온다고 했다. 누구도 알아채지 못하는 순간에, 당사자도 모르는 순간에 맘속에서 중요한 일이 일어난다. 어떤 권력자도 구경꾼(단지 구경꾼이라기보다는 '지켜보는 자')의 맘속에서 일어난 사건을 통제할 수는 없다.

요즘 들어 '외부세력'이라는 말을 심심치 않게 듣는다. 왜 이해당사자도 아닌데 끼어드느냐고 말하는 사람도 있을 것이다. 칸트 식으로 답하자면, 구경꾼들의 맘속에서 뭔가 일어났기 때문이다. 그리고 우리가 '개인'을 넘어 '인류'에 대해 말할 수 있는 것은 '내 일이 아닌데도 아파하고 고통을 무릅쓰는' 그것 때문이다.

배움
이전에 일어나는
배움
*

노들장애인야간학교(이하 노들야학)

개교 20주년을 기념하는 자리에 강연 초대를 받은 적이 있다. 2007년
에 야학의 교장 선생님을 인터뷰하게 되면서 이 학교와 인연을 맺게
되었다. 나는 노들야학에서 한 학기 동안 철학 수업을 했고, 이후에도
이런저런 공부를 함께해왔다.

개교 기념식의 강연에서 내가 부탁받은 주제는 '노들야학의 역
사와 한국 장애인 운동'이었다. 내심으로는 노들야학의 발자취가
궁금하기도 했던 터라 나는 선뜻 강연을 맡았고, 며칠 동안 이 학교
의 과거 자료들을 열심히 읽었다(이 자료들을 읽으며 내가 느낀 바는《"살아가겠
다"》라는 책에 자세히 실려 있다).

지난 20년간 저녁마다 젊은 대학생 교사들과 나이 든 장애인 학

생들이 꾸려온 배움의 이야기들은 정말 감동적이었다. 나는 글을 읽다가 가슴이 먹먹해져서 몇 번이나 천장을 올려다보았다. 특히 젊은 교사들이 장애인 학생들의 삶 앞에서 절망하던 장면들은 좀처럼 잊히지 않는다. 이들 중에 누군가는 "내일도 우리 아침에는 해가 뜨지 않겠지?"라고 적었다. 어떤 이는 "학생들의 삶을 마주하니 가슴에 뭔가 자꾸 고여서 술을 들이켜지 않을 수 없다"고 썼다.

무슨 공부가 이렇게 사람을 힘들게 했을까? 딱딱하기 그지없는 중·고등학교 교과서를 펴놓고 검정고시 준비를 했던 사람들. 그런데 왜 이들은 울분과 절망, 기쁨과 희망이라는 감정의 롤러코스터를 타지 않고서는 무언가를 가르칠 수도, 배울 수도 없었던 것일까?

애초에 노들야학은 '장애인운동 청년연합회'라는 조직이 90년대 초반 장애인들의 '의식화'를 위해서 만든 교육기구였다. 장애인 운동의 한 방편으로서 야학을 세운 것이다. 하지만 야학은 일단 만들어지자마자 상당히 자율적으로 움직였다. 매일 얼굴을 보며 고민을 토로하고 공부를 함께해온 교사와 학생 사이에 운동가들이 끼어들기가 쉽지 않았다. 교사들은 간간이 학생들을 집회에도 데려가고 장애 차별의 현실에 대해서 특강도 했지만, 기본적으로는 수업이 부실해지지 않도록 경계하면서 학생들의 검정고시 합격에 정성을 쏟았다.

물론 장애인의 삶이 영어 단어 하나를 더 외우고 대입 검정고시에 붙는다고 해서 달라질 수 없다는 것은 누구나 알고 있었다. 검정고시 합격증은 마치 '장롱면허'처럼 개인적 한풀이 같은 것에 불과했다. 그것으로 대학 진학을 꿈꾸거나 취업을 생각한 장애인은 한 명도 없었다. 우리 사회에서 장애와 학업, 취업, 빈곤, 결혼 등의 사슬이 어떻게 연결되는지 조금만 생각해본다면 그 이유를 짐작할 수 있다. 장애인을 차별하는 현실을 바꾸지 않는 한 배움이 무슨 의미가 있을까? 노들야학의 한편에는 분명히 이런 의문이 존재하고 있었다. 이런 현실을 바꾸기 위해서는 장애인의 주체화가 필요한데 야학이 그 일을 해야 하지 않을까. 장애인의 의식화 말이다.

노들야학은 학교인가, 운동조직인가. 내부에서는 학업에 충실해야 한다는 생각과 장애인의 의식화와 조직화를 해야 한다는 생각이 긴장감을 가지며 공존하고 있었다. 그런데 야학 학생들이 오래전에 쓴 글에서 나는 아주 흥미로운 대목을 발견했다. 내가 발견한 것은 어떤 '배움'이었는데, 그것은 구체적인 지식이나 정보를 얻는 그런 '배움'과는 다른 차원의 것이었다. 그것은 구체적인 지식을 배우기 이전에 일어나는 배움이라는 점에서 '배움 이전의 배움'이라고 할 수 있다. 마찬가지로 그것은 '운동' 내지 '변혁'이라고도 할 수 있는데, 제도나 체제에 대한 구체적인 변혁 이전에 사람들의 맘속에서 일어나는 운동이라는 점에서, '운동 이전의 운동'이라고 말할 수도 있다.

사실 나는 언젠가 리영희 선생에 대한 글을 쓸 때 비슷한 것을 느긴 적이 있다. 리영희 선생은 7~80년대 대학을 다닌 많은 이에게 '사상의 은사'라고 불렸고, 검찰 공안부에게는 '의식화의 주범'으로 통했다. 그랬던 그가 부산 미문화원 방화 사건과 관련해서 재판정에 서야 했던 적이 있었다. 사건의 주동자들이 그의 책을 읽고 촉발되었다고 했기 때문이다. 그런데 흥미롭게도 선생 자신은 그들의 행동에 동의하지 않는다고 했다. 그러니 선생이 동의하지 않는 일이 선생에게 감화를 받아 일어난 셈이다.

이때 나는 리영희 선생이 사상의 은사로서(혹은 '의식화의 주범'으로서) 한 일이 무엇일까 생각해보았다. 그가 사상의 은사, 즉 '생각의 스승'이었다면 그것은 자신과 '동일한 생각'을 가진 사람을 만들어내서가 아니라 사람들을 '생각하게' 했기 때문이 아닐까. 그래서 누군가는 그의 책을 읽고 '찬물 한 바가지를 끼얹은 느낌'이라고 했던 게 아닐까. 그것은 구체적 견해가 아니라 생각 자체의 일깨움이다. 즉, 선생은 견해가 아니라 각성을 전달한 것이다.

만약 우리가 이런 각성을 '의식화'라고 부른다면 그것은 지식과 정보의 전달과는 다른 차원에서 일어나는 변화의 이름이어야 할 것이다. 이는 칸트가 계몽의 비밀을 '지능'이 아니라 '용기'에서 찾았던 이유와 같다. 그가 떠올린 계몽된 사람이란 박식한 사람이 아니라 용감한 사람이었다. '감히' 따져 묻고 '감히' 알려고 하는 의지와 용기를 가진 사람 말이다. 그래서 그는 '감히 알려고 하라^{Sapere} ^{Aude}'를 계몽의 구호로 삼았다. 말하자면 계몽은 지식 이전에 정서에서 일어난 변화인 셈이다.

내가 노들 학생의 글에서 발견했다고 말한 것이 이런 변화였다. 교과서에 충실할 것인가, 변혁적 지식을 전달해야 하는가. 그러나 학생들의 변화는 정작 다른 차원에서 일어나고 있었다. 그것은 교실에서만큼이나 소풍과 엠티 장소에서 일어났고, 수학 문제를 풀 때도 일어났지만, 노래하고 춤출 때도 일어났다. 96년에 한 학생은 이렇게 적었다. "지난 10월 모꼬지 때 TV에서나 보았던, 그렇게도 부러웠던, 모닥불을 피워놓고 얘기하는 것을 했을 때 너무 좋았어요. … 그때 하늘을 보신 분이 많으리라 생각해요. 모든 별이 우리 곁으로 다가와서 비추어주는 것 같았어요. 정말 눈물이 나와서 울 뻔했어요. 무언지 모를 눈물이 나오려고 하더군요."

텔레비전에서만 보았던 모닥불 피고 노래하는 엠티를 자신이 해보았다는 것. 그때 본 밤하늘은 틀림없이 그 학생 안에서 엄청난 변혁을 일으켰을 것이다. 이는 장애가 어떤 것인지를 안다면 충분히 짐작할 수 있는 일이다. 장애disability란, 어떤 본래성을 가지고 있는 것이 아니다. 그것은 교육이든, 취업이든, 사랑이든, 생활하면서 겪게 되는 어떤 불가능disability의 체험이며, 그때 자신에게 생겨나는 '무능'과 '포기'의 정서이다. 어떤 불가능성의 체험, 그리고 그와 함께 일어나는 자기 무능과 자기 포기의 정서를 겪을 때 어떤 사람은 장애인이 된다. 그리고 불가능의 체험과 포기의 정서가 커질수록 그는 중증장애인이 되는 것이다. 우리 사회는 이런 불가능의 체험과 포기의 정서를 사실상 방치해왔다.

그런데 수십 년간 집이나 시설, 그리고 작업장에만 갇혀 있던 어느 장애인이 야학 사람들과 모닥불을 피우고 밤하늘을 함께 보았다. 그때 어떤 일이 일어났을까. 그는 어떤 불가능이 가능으로, 어떤 무능이 능력으로 바뀌는 체험을 했을 것이다. 그리고 그의 마음속에서는 정서들의 대변혁이 일어났을 것이다. 모닥불이 있는 밤하늘이 그에게 무언가를 일깨운 것이다. 이 일깨움, 이 깨달음, 이 배움은 분명 앞으로 그가 만날 지식과 정보의 성격을 완전히 다르게 만들어줄 것이다. 이것이 바로 '배움 이전에 일어나는 배움'이다.

장애인 여성이었던 그, 작은 작업장과 기숙사를 오가며 도심 속 섬에 유폐되어 있던 그는 나중에 기숙사를 나와 자립 생활에 도전했다. "사람들이 '너 나가서 어떻게 살래?' 이랬어요. 그런데 자신감이 있었어요. '나, 나가서 살고 싶어. 한번 겪어 보고 싶어.' 그런 자신감이 붙더라고요. 그래서 야학 다니면서 방도 얻고 자동차 면허증도 따고 독립을 했죠."

지금까지 노들야학은 검정고시 합격자를 많이 냈다. 그와 동시에 노들야학은 장애인의 이동권과 활동보조 서비스, 탈시설 및 자립생활을 위해 싸우는 많은 장애인 활동가도 배출했다. 그런데 나는 노들야학이 장애인 교육과 운동의 요람이 될 수 있었던 것은 배움과 운동 이전에 어떤 것이 있었기 때문이라고 말하고 싶다. 나를 일깨우고 내 맘에 정서적 변혁을 일으킨, 저 밤하늘의 별빛 말이다.

3장

사소한 것은
사소하지 않다

한
켤레의
실내화
*

우리는 주변의 사물들에 대해 얼마나 알고 있을까? 전라도의 어느 대안학교에 강연하러 갔을 때의 일이다. 중등과정에 있는 학생들에게 '철학한다는 것'에 대해 강연하기로 되어 있었다. 강연을 많이 다녀도 사람이든 공간이든 처음 만날 때면 나는 좀처럼 긴장을 떨쳐낼 수가 없다. 게다가 시골의 작은 학교를 상상했던 나로서는, 예상보다 크고 공간 구성이 일반 학교와는 많이 다른 건물에 들어서면서 꽤 당황했다.

약속 장소였던 도서관을 찾아 눈을 두리번거리다 반짝이는 복도를 보면서 '참 깨끗한 곳이네'라고 혼잣말을 한 순간 내 눈에 띄는 게 있었다. 즐겁게 수다를 떨며 부산하게 움직이는 학생들이 모두 실내화를 신고 있고 나만 구두를 신고 있었다. 나는 재빨리 입구로 돌아가 근처에 있는 신발장을 살펴보았다. 하지만, 내가 신을 만한 실내화는 없었다.

어찌할 줄 몰라 허둥대고 있는데 학생들 몇이 나를 보더니 무슨 일이냐고 물었다. 나는 도서관을 찾고 있으며 지금 실내화가 없다고 답했다. 그 말을 들은 한 남학생은 내가 만날 선생님을 찾아보겠다고 도서관 쪽으로 올라갔다. 그런데 일행 중에 여학생 한 명이 다가오더니 이렇게 물었다. "제 실내화 신으실래요?" 어리둥절한 나에게 "제가 신던 게 사물함에 하나 더 있거든요." 하더니, 사물함으로 가서 제법 오래 신은 것처럼 보이는, 하지만 여전히 깨끗한 실내화 한 켤레를 갖다 주었다.

나는 얼마나 기분이 좋았는지 모른다. 중·고등학교에 찾아가면 대개 학생들은 낯선 이방인에게 선뜻 다가서지 않는다. 게다가 자기가 신던 실내화를 선뜻 건네는 학생을 만나기란 매우 드문 일일 것이다. 그 실내화 한 켤레를 받아들자 눈앞의 학생들과 복도, 학교 전체가 내게 친숙한 색깔로 다시 채색되는 느낌이었다.

강연을 시작하면서 나는 실내화를 벗어 들고, 이름을 알 수 없는 주인에게 고맙다고, 그리고 이 한 켤레의 실내화가 적어도 내게는 이 공간이 어떤 곳인지 볼 수 있게 만들어준 등불 같은 것이라고 말했다. 그때 한 학생이 외쳤다. "어, 저거 ○○○ 실내화다!" 그러자 여기저기서 "정말, 정말!" 하는 소리가 들려왔다. 학생들은 서로의 실내화를 잘 알고 있었던 모양이다. 내 눈에는 모두 비슷해 보이는 실내화가 그들의 눈에는 모두 달랐던 것이다. 기분이 더욱 좋아진 나는, 본래 계획했던 강연 내용은 잊어버리고, 사람과 사물의 공동체 이야기에 빠져들어 버렸다. 그리고《부서진 미래》라는 책에서 읽은, 서울역에 노숙하던 어느 할아버지의 이야기를 해주었다. 거기서 나는 사물과 사람이 맺는 각별한 관계, 특별한 사랑을 보았기 때문이다.

그 할아버지는 예전에 건축 현장에서 일하셨던 분 같다. 97년 외환위기 때 실직하면서 갈고리와 작업화를 챙겨다니신 걸 보면, 콘크리트를 부을 거푸집 같은 걸 만들던 분이 아니었나 싶다. 언젠가 복귀할 거라는 희망으로 쪽방과 노숙을 전전하면서도 갈고리와 작업화는 항상 챙기셨는데, 흥미로운 건 먹을 것을 구하기 어렵던 때에도 그 물건들만은 항상 얼마간의 돈을 들여 사물보관함에 넣어두신다는 것이다. 간혹 아는 이가 쪽방이나 여관방을 구하면 마치 아이를 맡기듯 물건들을 재워달라고 부탁하기도 했다. 시간이 한참이나 흐른 뒤에야, 할아버지는 이제 자신이 다시 작업 현장에 돌아갈 가망이 없다는 것을, 게다가 당신의 몸이 더는 일할 수 없을 정도로 노쇠해졌다는 걸 깨달았다. 그때 할아버지는 좋은 땅을 찾아서 그 도구들을 묻어줘야겠다고 결심한다.

나는 이 이야기를 전하며 잠시 철학자들이 말하는 '소외'에 대해 이야기했다. 어떤 학자들은 '소외'란 사람이 사물처럼 되는 것(사물화)이라 말한다. 사람들이 기계처럼 일을 하다 보면 자기 정신을 잃어버리고 사물처럼 된다는 것이다. 그래서 소외를 극복하는 것은 사람이 사물에서 벗어나 인간의 본래적 정신을 회복하는 것이라고 했다. 하지만 반대로 사물 편에서 문제를 바라보면 어떨까, 하고 나는 질문을 던졌다. 인간이 자연의 사물을 닮는 것은 정말 끔찍한 일일까? 어쩌면 우리는 무턱대고 사물을 끔찍한 존재로 만들어 버린 것은 아닐까? 생명력이 없고 개성 없는 사물들, 도저히 닮고 싶지 않은 끔찍한 사물들로. 소외된 인간 이전에 소외된 사물이 있는 게 아닐까? 계속해서 나는 자문하듯 학생들에게 물었다.

근대 철학자들은 인간을 생산자라 부르고, 사물을 도구나 원료 등 생산수단이라고 불렀다. 하지만 갈고리와 작업화를 친구 여관방에 재우고 자신은 서울역사 지하통로에서 노숙했던 그 할아버지는 다르게 말했다. "이놈들은 나와 여기저기를 다니며 함께 일했다"고. 다시 말해 자신의 동료였다는 것이다. 누가 생산자이고 누가 생산수단인지 나누는 것은 할아버지에게 중요하지 않았다.

어떤 일에 함께 참여한다는 것. 영어에서 '참여participation'란 단어를 쪼개 보면, '부분part이 된다'는 뜻이다. 어떤 것을 생산하는 데 모두가 일조했다는 것, 모두가 그 일의 어떤 부분이 되었다는 것이다. 일을 '함께했다'는 할아버지의 말 속에서 나는 할아버지와 갈고리, 작업화가 그 일원으로 참여했던, 참 행복했을 어떤 작업 공동체를 떠올려보았다.

사람이 소외된 곳은 그보다 먼저 사물이 소외된 곳일 가능성이

높다. 소외된 사람이란 그 이전에 소외된 사물을 닮게 된 사람이다. 자연의 사물을 함부로 대하니 사람의 자연(본성)을 함부로 대하는 것이다. 내가 속한 '수유너머' 공동체에는 각별한 사물들이 참 많았다. 그곳의 회원이 되기까지에는 많은 시간이 필요한데, 그것은 그 공간에 있는 사물들을 알아가는 데 필요한 시간이기도 하다. 이 공동체의 추장을 맡아 내가 하는 일 중에 상당수는 새로 온 사람들 혹은 새로 회원이 된 사람들에게 거기 사물들이 무슨 사연으로 여기에 왔는지, 이 사물들이 어떤 일화를 품고 있는지 알려주는 것이었다. 세미나실에 있던 목제책상을 만들어준 어느 조각가 선생님, 그분과 함께 공동체에서 조각을 배웠던 이야기, 그리고 카페에 있던 레코드판들, 그것을 선사한 선생님이 시골 다방을 전전하며 수집할 때 겪었던 이야기, 연구실에 피아노를 들여오는 문제로 의견이 다른 공동체 성원들이 서로 싸웠던 이야기 등등. 거기 있는 사물들은 사물들이면서 동시에 이야기들이었고, 또 사물들의 이야기이자 사람들의 이야기였다.

결국, 하나의 공동체란 사람과 사물들이 만들어내는 이런 이야기들의 공동체라 할 수 있다. 매킨타이어A. MacIntyre의 말처럼, 우리는 우리가 만들어내는 서사의 일부 요소일 뿐인지 모른다. 중요한 것은 좋은 이야기를 함께 만들어내는 것이다. 우리가 만들어내고 남기는 것은 모두 이런 이야기들이다. 장담하는 건 좀 그렇지만, '수유너머'에 있는 물건들 중 내가 잘 모르는 물건은 별로 없다.

다시 그 대안학교 강연 장면으로 돌아가서 이야기를 마치려고 한다. 나는 학생들에게 사물들의 사연이 자본주의 시장에서는 얼마나 은폐되는지를 말하려던 참이었다. 시장의 똑같은 물건들, 공장에서 찍어낸 똑같은 물건들, 돈으로 그냥 사들인 물건들, 누가 왜 만들었는지, 누가 어떻게 쓸 것인지에 대한 사연이 없는 물건들에 대해서. 지레짐작으로 나는 칠판 옆에 있던 책상을 가리키며 말을 시작했다. "여러분, 저 책상 누가 만들었는지 알아요?" 가격표는 붙어 있을지언정 사연은 없는 물건이라는 취지로 하려던 말이었다. 그러자 한 학생이 큰 목소리로 답했다. "네, 우리 학교 목공소에 있는 수염 많은 아저씨가 저희를 위해 직접 짜주신 거예요."

그 순간, 정말 창피하고 기뻤다.

소유
와
빈곤
*

위에 염증이 생겨 한동안 먹는 걸 많이 가렸다. 급작스런 구토로 속이 뒤집어진 후, 특정 음식에 대해서는 위가 아주 예민하게 반응한다. 무엇보다 아쉽게 된 것은 커피다. 뜨겁고 진한 커피를 마실 때의 행복을 누리지 못하게 되었다. 커피를 습관처럼 마셔온 터라 간혹 입을 대어보았지만, 그때마다 속이 할퀴는 듯 아팠다. 그래서 한동안은 아침마다 커피 대신에 집에 오래 묵혀두었던 온갖 차들을 늘어놓고 무엇을 마실지 고민에 빠졌다. 그러나 사랑하는 존재에 대한 '대체물'이란 애당초 없는 법. 그러니 항상 한숨을 쉬며 '그래 이거라도' 하는 심정으로 하나를 골랐다.

그렇게 아침에 커피가 아닌 차를 마시기 시작한 지 한 달쯤 지났을 때였다. 코앞에 어른거리던 커피 향이 사라지더니 평소에는 밋밋하기만 하던 차의 향이 느껴지기 시작했다. 두 달쯤 지났을 때는 차를 마실 때마다 꽃밭이라도 온 듯 온갖 향기를 맡을 수 있었다. 녹차의 구수함, 쑥차의 은은함, 홍차의 향긋함, 심지어는 말린 볏단 냄새가 나는 보이차의 향까지 그렇게 좋을 수가 없다. 아침부터 이 차, 저 차를 꺼내 놓고 코로 마시는 게 반이다. 어떤 것의 '대체물' 이 되기에는 그 자신이 너무도 고상한 향기를 가진 차들이, 지난날의 냉대에 항의라도 하듯 이른 아침에 내게 달려든다.

사실 보이차와는 과거에 안 좋은 연이 있었다. 중국에 다녀온 후배가 선물했던 보이차와 얽힌 일이다. 그 후배는 여러 사람이 보는 앞에서 나에게 보이차를 선물했다. 차에 대해 잘 알지도 못하면서 욕심은 동했던지라, 그 선물을 사람들에게 나눠주기 싫었다. 그래서 커피를 한 잔씩 돌리고는 집에 들고 왔다. 하지만 보이차는 첫날 조금 떼어내어 마시고는 수납장 한구석에 잘 모셔두었다. 사실을 말하자면, '잘 모셔둔 건' 첫날뿐이었고, 다음 날부터는 방치했다는 게 맞다. 그러고는 겨울과 봄이 지나고 여름이 왔다. 장마 때문에 집 천장에 물 자국이 번지고 곳곳에 곰팡이가 핀 게 보였다. 한바탕 난리를 치며 물건들을 치웠는데 그때 종이에 말아둔 보이차가 나왔다. 습기에 눅눅해진 찻잎 위에 곰팡이가 덮여 있었다.

그 보이차가 내 것이었던가. 처분은 내가 했지만 정작 보이차를 누린 것은 곰팡이였다. 철학자 디오게네스는 자신이 물건을 소유하지 않으려는 이유에 대해 이렇게 답한 적이 있다. "세상의 모든 것은 신의 소유물이다. 그런데 철학자(지혜로운 자)가 된다는 것은 신의 친구가 되는 것이다. 그런데 친구들끼리는 물건을 서로 나눠 쓰지 않던가. 그러므로 철학자는 모든 것을 소유한 거나 다름없다." 나는 이 말을 이렇게 해석한다. 지혜롭다는 것은 만물과 사귀는 것(만물을 대하는 법을 아는 것)이고, 그것은 또한 그 자신이 만물인 신과 사귀는 것이다. 그러니 내가 신의 친구가 되는 만큼, 다시 말해 내가 만물과 사귀는 만큼, 그만큼이 내 것이고 내 세계이다. 따라서 '만물이 이미 내 것'이라는 말은 극한의 소유가 아니라 소유의 불필요나 불가능을 가리킨다. 돈과 법으로 신(만물)과의 우정을 명령할 수는 없기 때문이다.

'만물을 소유했다'는 디오게네스의 말이 일종의 '관계 맺음'에 대한 것이라면, 근대 사적소유권의 핵심은 '관계 처분'에 있다. 우리가 어떤 것을 소유하고 있다는 것은 그것을 자유롭게 처분할 권리를 가졌다는 뜻이다. 만약 처분할 수 없다면 내 소유물이란 기껏해야 내 향유의 한계를 나타낼 뿐이다. 즉 팔 수 없는 곡식이란 내가 먹어치울 수 있는 양만을 말해준다. 특히 자본주의 사회에서는 이런 면이 중요하다. 나와 '내 것'을 분리할 수 있고 내 자의에 의해 처분할 수 있을 때, 거래를 통해 나는 남의 것을 내 것으로 만들 수 있기 때문이다.

환경운동을 하는 이들에게 전설처럼 내려오는 시애틀 추장의 연설문에는 이런 문장이 있다(추장의 실제 연설문은 아니라고 하지만 이로써 문장의 가치가 훼손되는 것은 아니다). "공기의 신선함과 반짝이는 물은 우리 소유물이 아닌데 어떻게 팔 수 있다는 말인가, 우리는 땅의 한 부분이고 땅은 우리의 한 부분이다." 땅을 팔아넘기라고 워싱턴 추장(미국 대통령)이 제안했지만, 자신들은 땅에 속해 있고 땅 또한 자신들의 일부이므로 분리해서 팔 수 없다는 게 요지이다. 사적 소유의 관념과는 아주 다른 사고방식이라고 할 수 있다. 오늘날 우리는 단 한 번도 가본 적 없는 땅을 가질 수 있다. 똑같은 방식으로 우리는 그것을 팔아치울 수도 있다.

그러나 자신이 가진 어떤 것을 언제든 처분할 수 있다는 점에서만 사물을 바라본다면 우리는 부자가 되는 동시에 또 다른 빈곤에 시달리게 될 것이다. 그것이 카를 마르크스가 《경제학 철학 초고》에서 했던 경고였다. 그가 사적 소유에 반대했던 중요한 이유 중 하나는 그것이 우리를 너무나 둔감하고 일면적인 존재로 만든다는 것이었다. 오직 '가졌다Haben'는 감각 하나만 남고 "보고 듣고 냄새 맡고 맛보고 느끼고 생각하고 관조하고 지각하고 바라고 활동하고 사랑하는 것" 다시 말해 모든 육체적이고 정신적인 감각들이 다 소외될 수 있다는 것이다. 만약 그렇게 되면 우리의 본질, 우리의 존재는 극심한 빈곤에 허덕이게 된다. 우리는 사물들과의 교감을 통해, 다시 말해 사물을 감각하고 변형시키는 활동을 통해 무엇보다도 우리 자신을 만들어가기 때문이다.

마르크스는 특히 감성에 주목했다. 굶주린 인간에게는 음식이 추상적으로 존재한다. 즉 앞에 빵이 있을 때 그에게는 그저 '먹을 것'이 있다고 생각될 뿐 빵의 구체적 모양이나 향기는 중요하지 않다. 그는 빵을 코나 혀로 먹는 게 아니라 위장으로만 먹는 것이다. 당시 노동자들의 가난은 그래서 이 위대한 철학자를 더욱 슬프게 했다. 그러나 이는 돈 욕심에 눈먼 상인들의 이야기이기도 했다. 금덩어리를 보고 미소 짓는 상인. 그는 "광물의 상업적 가치만 볼 뿐이며 그것의 아름다움이나 특성은 보지 않는다"는 것이다.

인간의 역사란 무엇인가. 세계사가 지금까지 수고를 들여 해온 일이란 무엇이던가. 마르크스는 그것이 인간 감성의 생산, 다시 말해 "오감의 형성"이었다고 단언한다. 인간이 뭔가 발전했다면 그것은 같은 것을 달리 보고 달리 느끼는 법을 알게 되었기 때문이다. 그가 사적 소유의 지양을 국유화라고 부르지 않고, "모든 인간적 감각들과 속성들의 해방"이라고 부른 것은 참 인상적이다. 이런 맥락에서 보면, 그가 지향한 사회는 자본주의 사회보다 더 많은 재화를 가진 사회, 다시 말해 엄청난 물질적 생산력을 가진 사회라기보다는, 자본주의보다 사물에 대하여 더 다양한 감성을 생산하는 사회, 사물에 대해 더 다양한 척도를 가진 사회였는지 모르겠다(이런 점에서 보면, 역사적 사회주의 국가들은 오감이 형성되는 길에서 참 멀리 있다).

소유냐, 존재냐. 에리히 프롬이 마르크스로부터 영감을 받아 우리에게 던진 질문은 중요하다. 비록 나는 그의 인간주의에 이견을

갖고 있지만(내가 생각하는 감성의 해방은 프롬의 경우처럼 인간의 어떤 본질을 상정하고
그것의 온전한 실현을 꿈꾸는 것이 아니다. 나는 우리가 인간적 감각까지 넘어서야 한다고 생
각한다), 그의 말은 우리가 더 많이 소유한다고 해도 풀 수 없는 빈곤,
아니 더 많이 소유하려는 과정에서 더욱 악화하곤 하는 어떤 빈곤
을 지적하고 있다는 점에서 큰 가치가 있다. 바로 우리 '존재의 빈
곤' 말이다.

　이른 아침 식탁에 늘어놓은 차 이야기를 하다가 생각을 아주 멀
리 끌고 와 버렸다. 돌이켜보면 내가 벽장 속에 오래 묵혀둔 차들은
내 소유물이기는 했지만 내게 존재하지는 않았다. 음악을 들을 수
없는 귀에 음악이 존재하지 않는 것처럼 말이다. 그러나 이제 그것
들은 내게 존재한다. 재산이 늘어난 것은 없지만 내가 어떤 빈곤에
서 조금은 벗어났기 때문이다.

사소한 것들은
상상을 초월할 정도로
중요하다
*

        니체에 대해 다시 강연할 기회가 생기면서, 거의 십 년 만에 본격적으로 그의 저서들을 잡고 꼼꼼히 읽어보았다. 역시 시간이 흘러서일까? 예전에 읽은 니체는 망치를 들고서 서양 철학의 근본 신념들을 박살 내던 전사, 그것도 매우 경쾌하고 화려한 무공을 펼치는 전사였는데, 다시 만난 니체는 아주 침착하고 차분한데다 심지어 소박하기까지 한 정신의 소유자였다. 어떤 지점에서 그는 아무리 가난한 영혼이라도 짐을 내려놓고 쉴 수 있는 '싸구려 여관'이 되기를 자처하기도 했다. 이름 없는 새가 되어서 사람들 사이에 잠시 날아온 것을 자랑스러워하고, 헛된 명성을 얻지 않도록 모래밭에 남긴 제 발자국을 열심히 지우는 사람. 그것이 또 다른 니체였다.

그런데 니체에 대해 강연을 하다 보면, 신의 죽음, 힘에의 의지(권력의지), 영원회귀, 위버멘쉬(초인) 등이 뭐냐는 질문을 곧장 던지는 이들이 있다. 그다지 좋은 질문 방식은 아니지만, 니체와 관련해서 듣게 되는 그런 말들의 정체를 알고 싶은 것은 어찌 보면 당연한지 모르겠다. 그런 질문을 받을 때마다 나의 답변은 달라졌다.

아무래도 최근에 떠올린 니체의 이미지 때문이었을 것이다. 니체가 '신은 죽었다'고 말한 이유에 대해서, 나는 우리가 '중요한 것'과 '중요하지 않은 것'을 혼동하기 때문이라고 했다. 실제로 니체는 말년에 쓴 《이 사람을 보라》에서 자신이 신에 반대하는 이유를 이렇게 적었다. "'신'은 생의 반대 개념이며 해롭고 유독한 개념입니다. '영혼'이나 '정신', '불멸의 영혼'이라는 개념은 신체를 경멸하는 것이고 또 병들게 하지요. 그것은 생에 있어 중요한 많은 것들, 가령 영양, 주거, 정신적인 식사, 질병의 치료, 청결, 기후 등의 문제를 섬뜩할 정도로 경솔히 다룹니다."

다시 말하자면, 우리는 '신'을 떠받들면서 정작 중요한 것들을 소홀히 한다는 뜻이다(여기서 말하는 '신'은 종교적인 신일 수도 있지만, 돈일 수도 있고, 권력일 수도 있고, 어떤 성공의 이미지일 수도 있다. 우리가 믿고 떠받드는 그 어떤 것도 '신'이라고 할 수 있다). 내가 무엇을 어떻게 먹고 있는지, 어디서 누구와 어떻게 살고 있는지, 무슨 책을 읽고 무슨 음악을 듣는지, 어디가 아픈지, 위생은 어떤지, 기후는 어떤지. 이것들은 우리 삶에 정말 중요한 것들이다. 내 일상을 돌아볼 때 그 일상에서 큰 비중을 차지하는 것이, 너무 당연한 말이지만 내 삶에 큰 중요성을 갖는다. 그런데도 사람들은 자신이 떠받드는 어떤 것 때문에 그것들을 소홀히 한다. 추상적인 인류 평화보다 내가 요즘 듣는 음악이 내 삶에 더 큰 영향을 미친다. 철학이란, 그것들을 다루고 가꾸는 법이라고 할 수 있다.

'신은 죽었다'는 니체의 말은 사람들이 암묵적으로 근거하고 있던 절대가치의 붕괴로 받아들여지면서 서구 사회에 엄청난 충격을 주었다. 철학자들은 진리가 무엇인지 묻기 전에 진리를 추구하는 자신의 의지와 태도를 문제 삼게 되었고, 심리학자들은 무의식과 충동에 대한 니체의 분석에 큰 영향을 받았으며, 화가들은 화면에서 소실점이 갖는 패권성을 제거하고 원근법에서 자유로워지기 시작했으며, 음악가들은 화성 체계를 깨는 실험을 시작했다. 정말로 니체의 사상이 미친 영향은 엄청났다. 하지만 긍정적이든 부정적이든, 이런 엄청난 스펙터클 속에 니체의 위대함이 있는 것은 아니다. 스펙터클을 만들어내는 일, 즉 연기를 피우고 소리 내는 일을 니체는 '거짓 불개'나 하는 짓이라고 했다. 이상한 말처럼 들리겠지만, 니체의 위대함은 소박함에 있다.

니체는 '모든 것의 가치전환'이라는 표현을 종종 썼는데, 한마디로 말하면, 우리에게 '중요한 것'과 '중요하지 않은 것'이 반대로 되어 있다는 말이다. 그는 지혜로운 자는 저렴한 비용으로도 잘살 수 있다고 말한 적이 있다. 세상 사람들이 비싸게 치는 것을 그는 별로 높이 보지 않고, 그 자신이 중요하게 생각하는 것을 세상 사람들은 소홀히 하니, 아주 저렴한 비용으로도 귀중한 것들을 쉽게 모을 수 있다는 것이다.

나로 하여금 니체를 공부하게 한 재밌는 책,《이 사람을 보라》에서 니체는 자신의 위대함이 어디에 있는지 소상하게 적었다. 그는 자신이 인류에게 전대미문의 위대한 과제를 선사했다고 자찬했고, 자신의 저서《차라투스트라》를 인류에게 전하는 '제5복음서'라고 떠벌렸다. 예수의 행적을 기록한 신약성서의 '4복음서'에 필적할 만하다는 뜻이다. 심지어 니체는 자기를 소개하면서 '나는 왜 이렇게 현명한가', '나는 왜 이렇게 영리한가', '나는 왜 이렇게 좋은 책들을 쓰는가'와 같은 제목을 달기도 했다(사실 나는 이 제목들을 보고 웃음을 터뜨리며 니체를 좋아하게 되었다).

그런데 눈여겨볼 대목은 니체가 '위대함'을 어디서 찾는가 하는 점이다. 그는 자기의 혈통, 자신이 앓았던 병과 치유법, 사람을 대하는 태도 등에 대해 적었다. 그리고 무엇을 어떻게 먹었는지 꼼꼼하게 적었다. 어떤 음식과 차를 언제 어떻게 먹었는지, 자신이 머물던 곳의 날씨와 풍토, 자신이 읽은 책들과 독서법, 자신의 문체, 자신이 들은 음악에 대해 적었다. 그러고는 독자들을 향해 물었다. "왜 일반적으로는 별로 중요하지 않다고 간주하는 이 모든 사소한 사항들에 대해 내가 이야기를 했는지" 이유를 아느냐고. "위대한 과제를 제시할 운명을 가진" 내가 괜히 이런 이야기를 해서 손해를 볼 것 같으냐고. 그러면서 이렇게 답했다. "이 사소한 사항들은 이제껏 중요하다고 받아들여졌던 것보다 상상을 초월할 정도로 중요합니다. 여기서 바로 다시 배우는 일이 시작되어야 합니다."

이런 게 바로 니체가 말한 '신의 죽음'이고 '가치의 전환'이다. 따로 갈음하는 말없이, 니체의 마지막 말을 다시 한 번 강조해두고 싶다. 여러분, "사소한 것들은 상상을 초월할 정도로 중요합니다."

영혼에
남겨진 신체의
흔적 *

소크라테스는 알키비아데스에게 '너 자신을 알라'고 했는데, 이때 '너 자신'이라는 말은 '영혼'을 뜻한다. '영혼'은 우리 중에 있는 참된 것이다. 그렇다면 '신체'란 무엇인가. 과연 '영혼'을 추구한다는 것은 '신체'로부터 벗어나는 일일까? 그리고 영혼은 신체에서 벗어날 수 있을까?

신체에 대한 경멸자들! 니체는 서구의 주류 철학과 기독교를 겨냥해서 말했다. 그들은 신체의 언어, 즉 기쁘고 슬프고 화내고 욕망하는 식의 정서나 충동들을 단지 영혼을 혼란에 빠뜨리는 악마의 속삭임 같은 것으로 받아들여왔다. 그러다 보니 철학 교육이나 종교 구원의 방법론 중 상당수가 정서나 충동들을 어떻게 통제할 것인가에 집중되었다. 철학은 정념이나 정서에 대한 이성의 지배를 주장해왔고, 종교는 신체의 유혹을 물리친 영혼의 승리에 대해 설교해왔다.

다시 니체의 말을 빌리면, 신체에 대한 이러한 경멸은 '죽음에 대한 설교'로 이어진다. '태어나고 성장하고 늙고 죽어가는' 우리의 생애란 유한한 신체의 것이지 불멸하는 영혼의 것이 아니기 때문이다. 그러므로 신체를 경멸하는 이들은 현세의 삶에 큰 가치를 부여하지 않는다. 신체가 멸한 뒤에도 이어질 영혼의 삶을 생각해보라. 영혼의 삶에 비하면 육신의 삶이란 한낱 일순간에 그치는 것이다. 철학자들은 우리가 경험하는 현상계가 실재계(참된 세계)가 아니라고 말하고, 성직자들은 죄가 끓는 '이 세계' 너머에 참된 '저 세계'가 있다고 말한다. 그런데 따지고 보면 이런 사고는 우리로 하여금 신체를 떠날 것을 요구한다는 점에서 '죽음을 설교하는 일'이라고 할 수 있다.

어떤 사유의 전통에 시발점을 상정하는 것은 우스꽝스러울 수 있다. 하지만 니체가 '신체에 대한 경멸'과 '죽음에 대한 설교'로 명명했던 전통을 형성하는 데 플라톤 철학이 중대한 영향을 미쳤다는 것은 부인할 수 없다. 실제로 플라톤의 책들을 읽어보면 여러 대목에서 '신체에 대한 경멸'을 발견할 수 있다. 그에게 철학이란 한마디로 '영혼을 돌보는 일'이었다. 영혼 자체는 단순하고 순수해서 타락할 것이 없지만, 육신과의 결합 때문에 훼손된 상태에 있을 수 있다. 마치 바다의 신 글라우코스에게 따개비와 해초, 돌들이 붙어서 사람들이 그의 참모습을 못 보는 것처럼, 육신이라는 유약하고 불완전한 그릇에 담긴 영혼의 참모습을 우리는 잘 보지 못한다. 플라톤에게 철학이란 이런 영혼 본연의 모습을 깨닫게 해주는 일이라고 할 수 있다.

그렇게 영혼을 중시하는 플라톤인데 그의 책《국가론(정체)》에서는 흥미로운 대목이 눈에 띈다. 책의 맨 마지막에 나오는 '에르'라는 남자의 이야기다. 플라톤이 신화를 좋아하지 않는 건 유명하다. 그런 플라톤이 신화를 진지하게 말하는 대목인지라 그것만으로도 꽤 흥미롭다. 개인적인 독서 경험에 비추어 볼 때, 어떤 철학자가 자신이 부인하는 대상에 가까워질 때는 뭔가 중요한 게 들어있다. 이 이야기는 사후에 일어날 심판과 거기에 따른 축복과 처벌 그리고 새로운 삶의 선택에 관한 것이다.

'에르'는 어떤 전투에서 죽은 사람인데 그의 시신을 화장하려던 장작더미에서 되살아났다고 한다. 그는 저승의 이야기를 이승에 전할 사명을 받고 이승으로 돌려보내졌다. 그가 목격한 바로는 영혼들은 육신을 벗어난 후 심판자들이 기다리는 신비한 장소에 이르게 된다. 하늘과 땅 사이에는 영혼이 나고 드는 구멍이 두 개 있다. 올바른 자들은 축복을 받아 하늘 쪽 구멍으로 올라가고 그렇지 못한 자들을 벌을 받아 땅 쪽 구멍으로 내려간다. 축복과 벌은 이승에서의 삶의 열 배, 즉 천 년가량 이루어지며, 그 기간이 끝나면 다시 심판의 장소에 모여 새로운 삶의 표본을 선택한 후 이승에서 새로운 삶을 시작한다. 심판과 윤회가 어울린 구조라 할 수 있다.

내가 흥미를 느낀 건 축복과 처벌의 천 년이 지난 후 삶의 표본을 다시 선택하는 대목이다. 먼저, 순서를 정하는 일종의 번호표가 뿌려진다. 그러면 각자는 순서에 따라서 자신이 살고 싶은 삶의 표본을 직접 고른다. 운명의 여신 아낭케의 딸 라케시스는 혼들에게 말한다. 훌륭함은 따로 주인이 없으니 잘 선택한 이의 것이라고. 그리고 선택은 각자의 몫이니 신을 탓하지 말라고.

그런데 삶의 새로운 표본을 선택하는 장면에 다다르면, 온갖 재미있는 일들이 벌어진다. 일단 번호표를 잘 받아야 한다(새로운 인생이 시작되는 순간부터 로또처럼 운이 작동한다). 여신 라케시스는 신중한 선택을 한 이에게 훌륭한 삶이 돌아갈 것처럼 말했지만, 번호표에서 밀리면 앞사람이 가져간 삶의 표본을 선택할 수 없다. 에르의 입을 통해 플라톤은 먼저 선택한 이라도 좋은 삶과 그렇지 못한 삶을 아는 지혜가 없을 때는 끔찍한 선택을 하게 된다고 말한다. 에르에 따르면, 첫 번째 선택을 한 이는 실제로 참주의 신분을 택했는데 그 운명에는 자기 자식을 먹는 끔찍한 일이 들어 있었다. 하지만 반대 경우도 일어날 수 있다. 앞서 택한 이가 지혜를 가졌든 운이 좋았든 일단 좋은 표본을 택하면 나중에 택하는 이에게 남은 괜찮은 선택지는 적어진다.

번호표보다 더 흥미로운 것은 전생의 습관이 새로운 삶의 선택에 큰 영향을 미친다는 사실이다. 에르에 따르면, 전생에 여인에게 살해되었던 오르페우스는 여인의 몸을 통해 태어날 것을 거부하며 백조의 삶을 택한다. 노래하는 가인이었던 타미라스는 밤꾀꼬리의 삶을 택했다. 트로이 원정에서 돌아온 후 자신의 아내 클리타임네스트라에게 살해됐던 아가멤논은 인간에 대한 증오심 때문에 독수리의 삶을 택했다. 이런 식으로 전생의 기억 때문에 동물의 삶을 택하는 이들이 있는가 하면, 여성의 삶을 택하는 남성도 있고 남자 운동선수의 삶을 택한 여성도 있었다. 또 인간이 동물의 표본을 집은 귀결이겠지만 짐승들 중에는 사람으로 이행한 것도 있었다.

플라톤이 이 신화로서 책을 마무리한 취지는 분명해 보인다. 이 승에서 영혼을 돌보는 지혜를 배워서 잘 살면 저승에서 큰 축복을 받고, 또 그 지혜를 이용하여 새로운 삶의 표본을 잘 택하게 될 것이니 말 그대로 불멸하는 영혼을 따라 영생을 누리리라는 것. 말씀으로야 흠 잡을 데 없이 좋지만, 사실 나로서는 철학하는 이유를 '영생을 누릴 수 있다'는 사실에서 찾고 싶지 않다. 지혜를 얻으면 죽어서 열 배의 보상을 받는다는 말보다, 지혜를 얻으면 그 순간이 바로 축복이라는 말을 나는 좋아한다. 지혜를 얻는 기쁨이면 충분하지, 사후까지 이중의 특혜를 받을 생각이 없다.

다시 플라톤이 말한 사후의 삶, 특히 새로운 삶의 표본을 택하는 장면의 한 토막을 자세히 들여다보자. 이를테면 '독수리를 택한 아가멤논'을 보자. 우리가 눈앞에서 보는 독수리는 독수리일까, 아가

109

멤논일까. 물론 플라톤은 "혼이 다른 삶을 선택하게 되면 필연적으로 다른 혼이 된다"고 말한다. 하지만 육신을 잃은 후에도 영혼의 선택에는 육신, 다시 말해 신체의 어떤 흔적이 개입하고 있다. 독수리를 택한 아가멤논은 전생의 습관, 즉 그의 신체가 겪었던 일 때문에 그런 선택을 했다. 그가 독수리를 택한 순간, 그의 혼은 다른 것이 되고 말았지만, 독수리라는 선택은 아가멤논의 신체가 전생에 겪었던 일의 흔적이다. 독수리가 다음 생애에 다른 무엇으로 변한다면 그것은 독수리 생애 동안의 흔적이 개입한 결과이지만, 동시에 독수리 자체가 아가멤논이 겪은 일의 흔적이었던 한에서 흔적들이 누적된 결과이기도 하다.

플라톤은 '영혼은 불멸이지만 신체는 유한하다'고 보았지만, 나는 플라톤의 이야기에서 그 반대의 것을 생각해본다. 영혼은 교체되지만(이는 또 다른 의미의 죽음이 아니고 무엇일까) 신체는 흔적의 형태로 영원히 누적된다고(이는 또 다른 의미의 영생이 아니고 무엇일까). 영혼은 순수하고 단순하지만, 거기에는 뒤섞이고 누적된 신체의 흔적이 개입하고 있다고. 플라톤이 영혼의 불멸을 이야기하는 대목에서 나는 신체의 불멸(비록 흔적의 형태이기는 하지만)을 읽었고, 영혼을 돌보는 일만큼 신체를 돌보는 일의 중요성을 읽었다. 우리의 몸을 잘 가꾸고 기쁨과 슬픔, 분노와 환희, 비탄 등의 정서들을 잘 가꾸는 것, 그래서 이승에서의 좋은 삶의 기억을 갖는 것이야말로 얼마나 중요한 일인가. 아내에 대한 원한으로 독수리가 된 아가멤논에게서 내가 본 것은 그

것이다. 아가멤논은 아내에게 살해되었지만, 그 일 이전에 그는 자신의 딸을 신께 바치는 공물로 희생시켰다. 그 덕에 신의 축복을 입어 전쟁에서는 승리했지만, 아내는 전쟁을 위해 딸을 살해한 남편에게 딸을 대신해서 복수했다. 천국과 지옥은 이미 이승에 있었다.

구원이든 처벌이든 축복이든, 그것이 사후에 일어나는지는 내 관심사가 아니다. 솔직히 나는 신체를 떠나서 이루어지는 그런 것들에는 관심이 없다. 중요한 것은 신체가 존재하는 동안에, 신체와 더불어 일어나는 우리의 일상이다. 거기서 일어나는 구원과 축복, 즉 신체와 더불어 신체를 통해서 겪는 우리의 좋은 삶이 내게는 철학하는 이유로 충분하다.

금욕
과
탐욕
*

　　　　　　　　　　　　우연에 우연을 더한 운명의 도움
을 받아 2011년 가을에 뉴욕의 월스트리트 점거 현장을 보게 되었
다. 미국을 방문하게 된 것도, 점거 직전에 거처를 뉴욕시로 다시
옮기게 된 것도, 특별한 계획이나 동기 없이 이루어진 일이었다. 어
찌 됐든 '그때 거기에' 있었기에 여러 가지 일들을 목격할 수 있었
다. 한국의 촛불시위도 그랬지만 월스트리트의 점거는 과거의 시위
와는 아주 다른 형태로 전개되었다.

　점거 현장인 주코티 공원^{Zuccotti Park}(점거자들은 이곳을 '리버티 스퀘어[Liberty
Square]'라고 부른다)을 둘러보았을 때 뉴욕에 마을 하나가 생겨난 느낌
이 들었다. 시골 장터 같기도 했는데, 한쪽에는 명상하는 사람들이
있는가 하면 다른 한쪽에는 신 나게 북을 두드리는 사람들이 있었

다. 또 임시 도서관을 만들어 놓고 책을 읽는 사람도 있었고 그 옆에서 자신의 견해를 외치는 사람들도 있었다. 간이 부엌을 차려서 음식을 나눠 먹는 사람들, 피곤한 이들에게 휴식을 제공하고 마사지를 해주는 사람, 버려진 음식물 쓰레기와 설거지물을 이용해 채소를 기르는 사람, 트위터와 페이스북으로 이곳에서 벌어지는 일을 전 세계에 알리는 사람들까지 다양했다.

무슨 시위가 이렇게 평온하냐고 묻는 사람도 있겠지만, 이 점거가 전하는 메시지는 어떤 시위보다 강렬했다. 시위자들은 자신들이 원하는 삶의 이미지를 다시 짜고 있는 것 같았다. 오랫동안 월스트리트는 동경의 대상이었다. 한마디로 '아메리칸 드림'이었다. 하지만 이제 사람들은 월스트리트 금융가들을 돈에 눈이 먼 무책임한 탐욕자들이라고 부른다. 증세에는 반대하면서 세금으로 제공된 구제금융으로 보너스 잔치를 벌이는 사람들 말이다(지난 금융위기 때 정부는 막대한 구제금융을 제공했고 그 때문에 재정적자가 심해져서 가난한 이들에게 가야 할 복지가 축소되었다. 금융위기 여파로 길거리에 나앉은 서민들에 대한 구제는 이루어지지 않았는데, 그것을 대신해서 지급된 돈으로 보너스 잔치를 벌인 셈이다). 월스트리트 점거는 월스트리트의 사람들이 인생 성공의 신화이기는커녕 인생의 도덕적 실패자들임을 폭로한 것이었다.

언뜻 보면 엉성하고 원시적인 마을처럼 보이지만 주코티 공원의 메시지가 강렬하다는 것은 이 점에서다. 사람들은 음식과 의복을 나누고, 지식과 정보를 공유하며, 음악과 춤을 함께 즐기면서 자신들이 원하는 사회가 돈 버는 데 혈안이 된 승자독식 구조가 아니라, 서로의 처지에 귀를 기울이고 서로 돌보는 공동체라는 메시지를 전했다. 한마디로 정치가들에게 체제의 목표와 정책의 방향을 수정하라고 요구하는 것이다.

물론, 이 목소리는 뉴욕의 월스트리트와 워싱턴의 메인스트리트만이 아니라 대중 자신들을 향한 것이기도 할 터였다. 월스트리트의 '탐욕'은 오랫동안 대중들의 것이기도 했기 때문이다. 내가 대중의 탐욕이라는 문제를 생각하게 된 것은 점거 현장에서 터키의 민주화 운동가 리자이[Recai] 씨를 만나면서다. 그는 공원에서 '월스트리트 점거를 지지하는 단식투쟁'이라는 피켓을 들고 서 있었다. 왜 단식을 택했느냐고 묻자 그는 이렇게 답했다. "이것이 바로 자립의 출발점입니다. 월가를 깨끗하게 만들기 전에 나 자신을 먼저 깨끗하게 만드는 거죠. 일종의 자기 거번먼트[self-government]라고 할 수 있습니다." 그러면서 그는 말을 계속 이어갔다. "사실 여기 점거자들도 그렇고 미국 사람들을 보면 싸울 때조차 소풍에 온 것 같아요. 잔치를 벌이듯 먹고 마시고 소리 지르고. 월스트리트 1퍼센트의 탐욕[greed]에 반대한다면서 여기서 먹고 마시는 걸 보면 탐욕을 반대하는 게 맞나 싶을 정도예요."

수많은 민주화 인사가 단식하는 와중에 죽어갔던 터키의 현실에 비추어 보면, 분명히 뉴욕 점거자들은 소풍 온 것처럼 보일 수 있을 것 같다. 그렇다고 점거자들이 그의 말이 암시하듯 '흥청망청'하고 있는 것은 아니다. 이들이 나눠 먹는 샌드위치나 빵은 오히려 소박해 보였다. 그럼에도 리자이 씨의 단식은 '탐욕'에 맞서는 '금욕'의 가치에 대해 여러 가지 생각을 하게 한다. 그는 월스트리트의 탐욕을 비난함과 동시에 우리 자신의 욕망을 돌아보라고 요구하기 때문이다.

니체는 《도덕의 계보》에서 '금욕주의'가 욕망의 포기이기는커녕 욕망과 지배의지의 표출임을 잘 보인 바 있다. 누군가 미美에 대한 욕망 때문에 지나친 다이어트를 하고 있다면, 그의 금욕은 욕망의 포기가 아니라 욕망에 사로잡혀 있음을 나타낼 뿐이다. 니체는 서구 성직자들의 금욕주의 속에도 얼마나 강한 지배의지가 작동하는지 보이려 했다. 성직자들은 이승, 즉 '이 세계this world'를 무가치하고 죄가 들끓는 곳으로 묘사해서 이 세계 안에서 대안적 삶을 찾으려는 적극적인 욕망을 단념케 한다. 마치 환자가 많아질 때 의사의 권력이 강화되는 것처럼, 금욕주의 환경 속에서 성직자는 신을 대변하고 '저 세계that world'로의 인도를 맡은 자신의 권력을 증대시킨다.

하지만 푸코는 고대와 중세의 서구 금욕주의 연구(《진실에 대한 용기》)를 통해, 니체가 말한 기독교적 금욕주의와는 다른 형태의 금욕주의가 존재해왔다는 것을 환기시켰다. 가령 견유주의나 스토아주의 사람들은 서구의 기독교와는 다른 금욕의 기술들을 발전시켜왔다(사실 비서구 사회에는 이런 금욕의 기술들이 아주 많으며, 초기 기독교에도 이런 기술들을 확인할 수 있다). 니체가 비판한 서구의 기독교 전통에서는 금욕주의가 최종 구원을 위해 감내해야 할 '복종'이나 '부자유'였지만, 고대의 금욕주의는 유혹이나 공포에 휘둘리지 않는 '자유'를 위해 개발된 기술이었다는 것이다(사실은 니체 역시 선사 시대 문화에서 강자를 길러내기 위해 한 문화가 얼마나 혹독한 금욕적 조치를 했는지 말하고 있다). 고대의 금욕주의는 '다른 세계other world'가 아니라 이 세계에서의 '다른 삶other life'을 지향했다. 그들은 금욕주의적 실천을 통해 당시 지배하고 있던 가치들의 무가치함을 배웠다. 그들은 권력자와 부자를 두려워하지도 부러워하지도 않았다. 오히려 그런 권위적 삶과 흥청망청한 삶을 '노예적인 것'이라며 부끄러워했다.

나는 이 고대적 금욕주의에 중요한 메시지가 들어 있다고 생각한다. 월스트리트의 탐욕은 비난받아 마땅하지만, 그것의 극복은 세금의 증대와 일자리 창출로 환원되는 차원 너머의 변화를 요구하기 때문이다. 지금의 욕망 구조를 그대로 둔다면 월스트리트에 앉은 인물이나 기업을 바꿀 수는 있어도 월스트리트의 존재를 바꿀 수는 없을 것이다.

여기서 증세나 일자리 창출, 복지 증대가 시급하지 않다고 말하려는 게 아니다. 당장 굶어 죽게 생겼는데 금욕하라고 말하는 것이 이상하게 들릴지 모른다. 내가 고대 금욕주의를 끌어들인 것은 욕망을 줄이라는 뜻에서가 아니라 다른 삶을 욕망하라는 것이었다. 현재의 삶에서 더 많은 것을 욕망하는 것 못지않게, 현재와는 다른 삶을 욕망하는 것이 중요하다는 말을 하고 싶다.

지금
이대로라도 시작할 수
있다 *

옛날 어느 왕이 정치가 뜻대로 풀리지 않자 문득 이런 의문을 품게 되었다고 한다. '어떤 때가 내게 가장 중요한 때인가? 어떤 일이 내가 해야 할 가장 중요한 일인가? 어떤 사람이 내게 가장 중요한 사람인가?' 왕은 신하들에게 물어보았다. 그러나 어느 신하도 뾰족한 답을 내놓지 못했고, 왕은 "내가 주는 녹을 먹으며 살아온 자들 중에 내가 정말 문제에 봉착해서 묻는 것에 답을 줄 놈이 하나도 없단 말이냐" 하면서 불같이 화를 냈다. 그때 한 신하가 시골 어딘가에 훌륭한 성인이 은둔하고 있다고 말했다. 왕은 당장 신하들을 데리고 그 은자를 찾아 나섰다. 그런데 가는 길에 왕은 자객의 습격을 받았고 그 자객은 신하의 칼을 맞고 도망쳤다. 왕은 가던 길을 재촉해서 은자를 만났다. 왕은 그에게도 신하들한테 물었던 세 가지 질문을 던졌다. 그러나 은자는 아무 대꾸 없이 자기 일만 할 뿐이었다.

그때 어떤 남자가 피를 흘리며 뛰어와 '살려 달라'고 외쳤다. 왕은 얼른 수건으로 그의 상처를 싸매서 피를 멎게 해주었다. 부상자는 고개를 들어 왕의 얼굴을 흘깃 보더니 납작 엎드리며 말했다. "죽을죄를 지었습니다. 아까 길에서 당신을 습격한 사람이 접니다. 왕께서 제 아버지를 죽였기에 복수를 하려 했던 겁니다. 그런데도 나를 죽이지 않고 오히려 치료까지 해주시니, 용서해주신다면 앞으로 충성스러운 백성이 되겠습니다."

어느덧 날이 저물고 있었다. 왕은 은자에게 다시 앞의 질문을 던졌다. 그러자 은자가 답했다. "대답은 이미 다 했소. 가장 중요한 때는 바로 이 순간이고, 당신이 할 일이란 바로 저 사람을 보살피는 것이고, 당신에게 가장 중요한 사람은 바로 저 사람이요."

이 이야기는 톨스토이가 쓴 단편 〈세 가지 질문〉의 줄거리다. 나는 이 이야기를 함석헌의 글 〈이제 여기서 이대로〉에서 읽었다. 함석헌은 이 이야기를 소개하면서 우리가 힘써 할 일, 다시 말해 참된 일이란 멀리서 구할 것도 없고 '각별한 때'에 해야 하는 것도 아니라고 했다. 부족하나마 지금 여기서 최선을 다할 뿐이라는 것이다.

무엇을 하든, 모든 때는 똑같이 소중하다. 우리 삶에 '각별한 때'가 없는 것은 아니지만, 그 '각별한 때'는 우리가 모든 순간을 소중히 생각할 때 찾아온다. 함석헌이 다른 글에서 쓴 역설적 표현을 빌리자면, '각별한 때'를 따로 두지 않고 매 순간에 최선을 다할 때 '각별한 때'를 맞이하는 것이다. 그는 이렇게도 말했다. "정말 믿는 사람에게는 '때가 장차 오지만, 지금도 그때'라는 말이 옳습니다." 우리가 기다리는 '장차의 그때'란 '지금의 이때'이기도 하다는 것, 참으로 많은 생각을 하게 하는 말이다.

'장차의 그때'는 아직 오지 않았으며 나는 아직 부족한 사람이라는 생각, 그런 게 잘못된 것은 아니다. 어찌 보면 그렇게 생각하는 사람은 미래를 준비하는 무척 겸손한 사람일 수 있고, 제 허물을 돌아볼 줄 아는 양심의 인간일 수도 있다. 그런데 그런 겸손과 양심이 종종 행동을 늦추는 핑계, 어떤 소심함을 감추는 위장막이 될 수도 있다.

매번 그렇게 많이 반성하건만, 그리고 그토록 많은 회개를 하건만 사람들이 새로운 삶을 살지 못하는 것은 왜인가. 누군가는 그의 반성과 회개가 철저하지 못해서라고 말할 수 있을 것이다. 그러나 함석헌의 생각은 조금 달랐다. 그에 따르면 오히려 '양심에 과민한' 사람들은 제 잘못을 지나치게 오래 붙잡고 있는 나머지 어떤 암시에 빠져들고 만다. 내 잘못을 자꾸 지적하다 보면 점점 그 잘못에서 빠져나올 힘을 잃어버리고 '나는 안 돼'라고 믿게 된다는 것이다.

양심의 가책은 사람을 창백하게 만든다. 양심이란 죄를 감시하는 내 안의 공안 경찰과 같아서, 공안 경찰이 지나치게 나서면 사회의 활력이 떨어져 버리는 것과 같은 이치가 아닐까 싶다. 그래서였을까. 함석헌은 이렇게 말한다. "잘못을 좀 잊읍시다. 양심이 둔해져서가 아니라, 날카로우면서도 잊는 겁니다."(출처: 〈한가람 뿌리에서 양 떼를 먹이는 목자께〉) 얼마나 재미있는 말인가. 그런 망각이야말로 건강의 징표이다.

그런데 함석헌은 '양심의 과민'에 빠진 사람의 문제는 회계처리, 특히 결산을 제때에 못하는 데 있다고 말한다. "때(垢, 티끌)란 때(時)가 밀린 것이다." 즉, 더러움이란 시간이 밀려 쌓인 것이고, 그렇게 빚이 늘면 나중에 그것이 엄청난 죄를 짓게 된다. 강도와 살인에서 전쟁에 이르기까지, 범죄들은 그때그때 결산처리를 하지 않고 쌓아두는 습관 때문에 생겨난 것이니, 이런 습관이야말로 죄의 밑동이라고 할 수 있다는 것이다.

그가 말한 결산이란 이런 것이다. 잘한 것과 잘못한 것이 있으면 가급적 그때에, 그날에, 그달에, 그해에 결산을 보라는 것이다. 그러고는 자꾸 되돌아보지 않기 위해 과감하게 꺾쇠를 쳐버려라. 그것을 절대 다음으로 넘기면 안 된다. 지은 죄를 다 갚은 후에나, 그리고 또 덕을 쌓아서 훌륭한 사람이 된 후에나 훌륭한 일을 하겠다고 하면, 지금의 때를 놓치고, 지금의 사람을 놓치고, 지금 해야 할 일을 놓치게 된다. 그러면 결국에 훌륭해질 수도 없다.

"'이대로' 지은 죄를 그대로 두고 예요. 할 수 없지, 그걸 어떡하겠어요? 욕을 하겠음 하고, 지옥 보내겠음 지옥 보내고, 천당 보내겠음 보내고. 이거는 죄를 지어보지 않은 사람은 몰라요. 나는 많이

지어봤으니까 알아요. 그것 생각하다가는 아무것도 못해요. 그 죄
는 팽개쳐두고 이런 말을 한다고 잡아가겠음 잡아가고, 욕하겠음
욕하고. 내게 죄 있지만 내 속에 오히려 살아 있는 마음 있으니까
이 살아 있는 마음 할 수 있는 일을 할 수가 있잖아요." (출처: 〈이제 여기
서 이대로〉)

　지은 죄를 어떻게 하겠느냐고 묻는 함석헌의 말에 참 많이 웃었
다. 그러면서 또 깊이 감동했다. 그건 그대로 결산하고, 안 되면 나
중에 신에게 벌 받기로 하고, 지금 '살아있는 마음', 지금 보잘것없
지만 '옳은 생각' 하나 들거든, 그것을 힘써서 할 밖에. 지금 이대로
라도 말이다. 지금 이대로라도, 지금 이대로라도…. 참 여러 번 되
뇌게 되는 말이다.

4 장

함부로
무릎을 꿇어서는
안 된다

곤경에서
자유를 본
화가
*

2011년, 나는 뉴욕에서 지냈다. 처음 뉴욕에 올 때는 그림 구경이나 실컷 해야겠다는 생각을 했다. 내가 뉴욕으로 거처를 옮길 거라고 했더니 한 친구는 메트로폴리탄 미술관이나 현대미술관MOMA 같은 데 가서 죽치고 앉아서 같은 그림이라도 여러 번 보라고 권했다. 그러면 뉴욕에 머무는 데 들어간 본전은 확실히 뽑는 거라고 했다. 하지만 평소 예술적 소양도 쌓지 못했고, 변명 같지만 이것저것 해야 할 일을 처리하고 나니 몇 개월이 훌쩍 가버렸다. 그 사이 뉴욕의 미술관에 몇 번 가보지 않은 것은 아니지만, 친구 말대로 '죽치고' 앉아있지는 못했다. 관람객의 대열을 따라 걷고 나면 몸과 마음이 금세 지쳐버렸고 바깥 공기의 가치가, 그 순간만큼은 눈앞에 걸려 있는 명화의 가치보다 높아 보

125

였다. 그러다 보니 언제부턴가 시간이 생겨도 길거리를 걷거나 센트럴 파크를 돌아다닐 뿐, 코앞에 있는 미술관에는 선뜻 들어가지 않았다.

그러던 어느 날 센트럴 파크를 걷다가 근처의 프릭 미술관Frick Collection을 보게 되었다. 〈진주 귀고리를 한 소녀〉로 유명한 요하네스 베르메르Johannes Vermeer의 그림을 좋아하는 아내로부터 프릭 미술관에 그의 그림이 많다는 이야기를 들은 적이 있다. 이상한 말이지만, 그러니까 그때 베르메르를 보러 프릭 미술관에 가야겠다고 생각한 것은 베르메르보다는 아내 때문이었다. 그런데 내가 들어갔을 때 미술관에 베르메르 그림은 많지 않았다. 작품들이 순회 전시 중이라고 했다.

뭔가 어긋났다고 생각한 순간 내 눈을 확 잡아끄는 그림이 있었다. 엘 그레코El Greco의 〈사원에서 상인들을 몰아내는 그리스도〉였다. 예술적 기법에 대해서는 내가 말할 처지가 아니고, 어떻든 지금까지 내가 본 예수 모습 중 가장 경쾌한 것이 거기 있었다. 손에 채찍을 들고 상인들을 향해 휘두르기 직전인 듯한데, 이상하게 무섭다기보다는 유쾌해 보였다. 밝은 자주색 천으로 둘러싸인 날씬한 몸은 금세 춤이라도 출 것 같았다. 채찍을 휘두르는 그의 모습에서 나는 니체의 차라투스트라를 떠올렸다. 차라투스트라는 채찍을 휘둘렀지만 그것은 '삶'이 춤추도록 박자를 넣기 위한 것이었다. 차라투스트라나 예수나 같은 말을 하는 게 아닐까. 너희도 이제 삶을

춤추게 하라고. 삶으로부터 돈
이라는 족쇄를 풀라고, 그것이
춤출 수 있도록.

사실 그 그림 밑에는, 한국
의 양식 있는 교인들이라면 뜨
끔할 구절이 적혀 있었다. 예
수께서는 "그들에게 '내 성전은 기도하는 집이다'라고 성경에 쓰
여 있는데 '너희는 이 집을 강도의 소굴로 만들었다' 하고 말씀하셨
다."(마태복음 21장 13절) 아마도 16~17세기의 종교개혁 분위기가 반영
된 그림이 아닌가 싶다. 그런데 내 눈에 띈 것은 청교도적 근엄함보
다는 자유로움과 경쾌함이었다. 이 그림을 의뢰한 이의 의도는 모
르겠지만, 적어도 화가가 그린 그림 속의 예수는 너무 자유로워 보
였다. 춤이 기도가 될 수 있을까? 그럴지도 모르겠다는 생각이 들
었다.

나는 프릭 미술관에서 엘 그레코의 그림 몇 점을 더 봤다. 가늘고
길게 늘어나는 몸은 종종 꽈배기처럼 꼬여 있고 색감은 톡톡 튄다.
16세기에서 17세기에 넘어가는 길목에, 무슨 이런 별종의 화가가
있었는지 감탄이 절로 나왔다.

그러고 보니 엘 그레코로부터 17세기 철학이 추구했던 자유와
해방의 성격을 발견한 철학자가 있었다. 프랑스 철학자 질 들뢰즈
Gilles Deleuze. 그는 30여 년 전 뱅센Vincennes에서 강의할 때, 엘 그레코의

예를 들어 17세기 철학자들, 그러니까 데카르트, 말브랑슈, 라이프니츠, 스피노자 등이 한결같이 신에 대해서 말한 이유에 대한 흥미로운 답변을 제시한 바 있다.

17세기까지 서양의 대다수 철학자들은 왜 그렇게 신에 대해서 말했던 것일까? 사람들이 쉽게 내놓는 답변 중의 하나는 서구에서 교회가 가진 권력을 고려해야 한다는 것이다. 교회의 강력한 지배 아래에서 철학자도 교회의 요구를 고려하지 않으면 안 되었을 것이라고. 물론 다른 답변을 내놓는 사람도 있다. 당시 사람들에게 철학적 사유와 종교적 감정은 그렇게 분리되어 있지 않았다고. 그래서 교회의 강제가 아니었어도 철학과 신앙은 구분되지 않았을 것이라고.

하지만 들뢰즈는 17세기 철학이 신을 다룬 데에는 다른 까닭이 있을 수 있다고 지적했다. 우리가 잘 알고 있듯이 서구에서는 철학책만큼이나 많은 그림이, 아니 어쩌면 더 많은 그림이 신의 이미지를 다루어왔다. 그 많은 회화가 신을 다룬 이유는 무엇일까? 사람들이 떠올리는 답변은, 앞서 철학자들에 대해서 말했던 것과 크게 다르지 않을 것이다. 그런데 들뢰즈는 이것으로는 충분치 않다고 말한다. 오히려 그는 대담하게도 반대의 가정을 해보자고 한다. 즉, 그 시대는 신을 제약으로서만 받아들인 게 아니라 거기서 어떤 자유와 해방을 발견했던 게 아닐까? 다시 말해서 신은 어떤 화가들(또한 어떤 철학자들)에게는 자유를 억누르는 제약 조건이 아니라 오히려 여러 제약(개인적, 자연적, 시대적 한계들)을 넘어서게 해주는 해방의 수단 이 아니었을까?

들뢰즈는 이렇게 말했다. "신을 통해 회화는 인간적인 것들, 피조 물로는 할 수 없었던 것을 할 수 있었을 겁니다." 유한한 것들에서 는 사유할 수 없던 것을 신을 통해 극한까지 가볼 수 있었다는 것이 다. 신에 대해 책의 첫 장을 할애했던 17세기 철학자들이 우리가 고 등학교 때 배웠던 '미분'이니 '극한'이니 하는 개념들을 창조한 것 은 우연이 아닌 모양이다. 들뢰즈는 계속해서 말한다. "극한에서는 종교적으로 가장 경건한 화가가 그림을 그릴 때 가장 불경한 사람 이 되는 게 가능합니다."

들뢰즈가 대표적인 예로 든 것이 엘 그레코였다. 분명 엘 그레코 에게도 교회로부터의 요구와 제약이 있었던 게 사실이다. 하지만 들뢰즈는 그가 '신'을 통해서 모든 피조물이 갖는 어떤 속박에서 풀 려날 수 있었다고 말한다. 엘 그레코는 회화를 기독교적 요구에 전 적으로 종속시켰지만, 그것을 통해 회화의 전통적 요구, 즉 외양을 사실적으로 묘사해야 한다는 요구에서 대담하게 벗어나 버렸다. 들 뢰즈의 표현을 빌리면, 그는 "선과 색의 위대한 해방"을 이룬 것이 었다.

엘 그레코에 대한 들뢰즈의 설명에는 '자유'와 '제약'에 대한 아 주 놀라운 통찰이 들어 있다. 우리는 자주 자유와 제약을 대립적인 것으로 이해한다. 자유를 무한정 허용하면 혼란이 온다며 적당한 제약이 필요하다고 말하는 사람, 저 제약 조건들이 내 자유를 억누른다고 주장하는 사람. 모두가 자유와 제약을 반대편에 놓고 있다. 하지만 적어도 들뢰즈가 설명한 엘 그레코는 자신이 처한 제약과 곤경을 해방의 수단으로 바꾼 사람이었다. 온갖 제약에도 불구하고 자유로웠다는 게 아니라, 제약을 자기 자유를 창조하고 입증하는 수단으로 바꾸어버렸다는 것이다. 참, 멋진 예술가가 아닌가. 아니, 참 멋진 철학자가 아닌가.

길 잃은
양이
되라

*

"많은 세무원과 죄인들이 예수님의 말씀을 들으려고 모여들었다. 그러나 바리새파 사람들과 율법학자들은 이 사람이 죄인들을 환영하고 함께 음식까지 먹는다 하고 투덜댔다."(누가복음 15장 1~2절) 그때 예수가 말했다. 백 마리의 양을 키우는 목자가 있는데, 한 마리를 잃어버리면 나머지 아흔아홉 마리를 두고 그 한 마리를 찾아 나서지 않겠느냐고. 그리고 그것을 찾으면 기뻐서 이웃과 함께 즐기지 않겠느냐고. 이처럼 죄인 한 명이 회개하면 하늘에서는 회개할 것이 없는 아흔아홉의 의인이 있는 것보다 기쁨이 더할 것이라고.

기독교인이 아니어도 '아흔아홉 마리 양과 한 마리 길 잃은 양'의 비유는 잘 알 것이다. 단 한 마리의 양일지라도 포기하지 않고, 죄인 한 명의 회개를 의인 아흔아홉의 존재보다 더 큰 기쁨으로 받아들이는 예수의 성정. 그런데 어찌 된 일인지 나는 이 이야기를 인용하는 목회자들의 설교를 들을 때마다 묘한 거부감이 든다. 뭐랄까, 그 세심한 '돌봄의 의지'가 소위 '문제아'를 반드시 정상 상태로 돌려놓겠다는 집요한 권력의지처럼 느껴질 때가 있다.

실제로 '한 마리 길 잃은 양'을 찾아 나서는 목자의 형상에서 근대 권력의 중요한 특징을 포착해낸 철학자가 있다. 프랑스 철학자 미셸 푸코^{M. Foucault}. 그는 근대 권력이 인구를 개별화하는 방식으로 전체화한다는 것, 즉 개인들을 하나씩 세심하게 돌보고 길들임으로써 전체로서 자신의 힘을 증대시켜왔다고 주장한다. 단순한 억압이나 감금, 배제에 머물지 않는 적극적인 관리와 육성, 돌봄 등이 권력의 새로운 테크놀로지가 되었다는 것이다. 그는 '길 잃은 한 마리 양을 찾아 나서는 목자'의 이미지에 빗대어 근대 통치 권력을 '사목 권력'이라고 불렀다.

사목 권력에 대한 분석과 비판은 푸코의 학문 여정에서 하나의 특정한 시기를 차지한다. 그런데 묘하게도 나는 푸코 학문의 전체 여정에서 사목 권력을 비판하는 '길 잃은' 멋진 양 한 마리를 발견한다. 내 생각에 푸코에게는 '철학을 한다'는 것이 '길을 잃고 방황하는 것'과 동의어였다. 《성의 역사》 제2권의 서문에서 그는 자기 작업을 추동했던 호기심에 대해 이렇게 적었다.

"내 작업의 동기는 아주 간단했다. … 그토록 끈질기게 작업에 몰두했던 나의 수고는 단지 호기심, 그렇다, 일종의 호기심 때문이었다. 반드시 알아야 할 지식을 자기 것으로 만들려고 하는 그런 호기심이 아니라 자기가 자신으로부터 멀어지는 것을 허용해주는 그런 호기심 말이다. 지식의 습득만을 보장해주고 인식 주체로 하여금 길을 잃고 방황하도록 도와주지 않는 그런 지식욕이란 무슨 필요가 있을까. 우리 인생에는 '성찰과 관찰을 계속하기 위해서 자기가 현재 생각하는 것과 다르게 생각할 수도 있으며, 자기가 지금 보고 있는 것과 다르게 지각할 수도 있다'는 의문이 반드시 필요한 순간이 있다. … 그렇다면 철학(철학적 행동)이란 도대체 무엇일까. … 그것은 자기가 이미 알고 있는 걸 정당화시키는 게 아니라 어떻게, 그리고 어디까지 우리가 이미 알고 있는 것과 다르게 생각할 수 있는가를 알아내려는 노력, 바로 그것이 아닐까."

사실 이 글은 푸코가 죽었을 때 동료 철학자가 그를 기리며 장례식 때 낭독했던 것이기도 하다. 교양을 쌓는 호기심이 아니라 '나를 나로부터 멀어지게 만드는' 호기심, 지식의 습득이 아니라 '길을 잃고 방황하도록 도와주는' 그런 지식욕. 내가 알고 있는 것을 정당화하는 게 아니라, 우리가 얼마나 다르게 생각할 수 있는지, 우리가 어디까지 다르게 생각할 수 있는지 시험하는 비판적 사유. 푸코는 그것을 철학이라 불렀다. 그리고 《광기의 역사》에서 《성의 역사》에 이르기까지 많은 저술에서 그는 길을 잃고 방황하기를 두려워하지 않았던 연구자의 여정이 어떠한 것인지를 스스로 보여주었다.

133

다시 예수로 돌아가 보자. 김용옥이 한글 역주를 단 〈도마복음〉에서는 다음의 내용이 나온다《도올의 도마복음 한글 역주》. 1945년에 발굴된 〈도마복음〉은 현행 복음서들의 내적 연관을 통해서 그 존재가 예견되었던 문헌이자, 다른 복음서들이 공통으로 기반을 두고 있는 뿌리라고 한다. 이 복음서는 다른 복음서들처럼 예수와 관련된 이야기들로 이루어져 있지 않고 오직 예수의 말씀만으로 채워져 있다. 이런 식이다. '예수께서 말씀하시길…'

그런데 이 복음서에 적힌 것이 예수의 말씀이 맞는다고 하면, 예수는 적어도 '한 마리 길 잃은 양'에 대해 새로운 통찰을 여는 말씀을 했다. 〈도마복음〉 42절, "예수께서 말씀하시길, '방랑하는 자들이 되어라.'" 이 말씀에서 나는 잃어버린 양을 되찾은 목자의 기쁨과는 비교도 안 되는 큰 기쁨의 말, 즉 복음을 느낀다. 울타리 바깥을 온갖 죄악과 어둠, 위험이 들끓는 곳으로 생각하고, 양을 울타리 안에 집어넣는 것을 축복과 구원인양 묘사하는 〈누가복음〉의 목자와 달리, 기꺼이 울타리 바깥에서 방황하기를 권유하는, 세계를 절대 긍정하는 자만이 감히 내놓을 수 있는 예수의 그 말씀이 참 좋다.

생각해보면, 목자의 울타리 안에서 우리가 될 수 있는 것은 기껏해야 그의 양에 불과할 뿐 아닌가. 진심으로 우리의 존재를 양으로부터 구원하려는 자는 이렇게 말씀하신다. 기꺼이 길을 잃어라, 그리고 방황하기를 두려워 말라!

철학자
의
파문
*

철학자는 기꺼이 길을 잃고 방황하기를 주저하지 않는 사람이어야 한다. 그런데 이런 '떠남'은 종종 '가출'보다는 '파문'의 형식을 취한다. 즉, 철학자는 중이 절을 떠나듯 저 자신의 마음에 들지 않는 곳을 떠나는 사람이라기보다는 도무지 그를 감당할 수 없는 공동체에서 추방당하는 사람인 경우가 많다. 스피노자의 경우도 그랬다.

"원로들은 스피노자의 사악한 생각과 행동에 대해 알고 있었기에 다양한 수단과 약속을 통해서 그를 악으로부터 떼어놓기 위해 노력해왔다. 하지만 그의 사악함을 고치는 것은 헛된 일이었다. 오히려 그가 행하고 가르친 끔찍한 이단적 견해와 기괴한 행동들에 대한 소식을 날마다 들었고, 그로 인해 생겨난 문제들을 말하고 전하는 수많은 진실한 목격자를 만나게 되었다. 따라서 원로들은 이 문제의 진실을 확신하게 되었고, 존경받는 현자들의 입회하에 조사를 했으며, 동의를 얻어 스피노자는 파문되어야 하며 이스라엘 백성들로부터 추방되어야 한다는 결정을 내렸다. … 스피노자는 파문되었고 이스라엘의 백성들로부터 추방되었다. … 누구도 그와 소통해서는 안 된다. 편지를 써도, 그에게 호의를 갖고 동의해도, 그와 한 지붕 아래 머물러도, 그의 근처 4큐빗 안에 있어도, 그가 편집하거나 쓴 어떤 글을 읽어서도 안 된다."

1656년 7월 27일, 유대교 회당에서 스피노자를 파문하는 이 글이 낭독되었다. 도대체 무슨 일이 있었는지는 알 길이 없다. 스피노자는 당시 스물넷이었고 불과 몇 해 전까지 아버지의 장사를 돕는 젊은이였을 뿐이다. 게다가 그의 할아버지와 아버지는 유대인 공동체에서 상당한 영향력을 가졌던 인물이다. 그런데 아버지의 죽음 이후 두 해 만에 저 끔찍한 글이 낭독되었다.

흥미로운 점은 스피노자를 추방한 네덜란드의 유대인들 역시 추방된 자들의 공동체였다는 사실이다. 그들은 스페인과 포르투갈의 가톨릭 군주들의 박해를 피해 도망친 사람들이었다. 그렇다고 이들이 엄격한 교리를 내세우는 근본주의자들이었던 것도 아니다. 스페인 군주가 박해를 가하자 이들은 상업 활동을 유지하기 위해 가톨릭으로 위장 개종을 했고 상황이 더 심각해진 뒤에야 탈출한 사람들이다. 네덜란드에 와서는 유대교로 돌아갔지만, '위장 개종' 때문에 이들은 '마라노', 즉 '돼지'라는 욕을 먹기도 했다. 그렇다면 그런 핍박의 역사를 가진 사람들한테까지 핍박을 받은 스피노자는 도대체 어떤 존재였을까?

유대인으로서 나치의 탄압을 피해 독일에서 프랑스로, 프랑스에서 다시 미국으로 도망쳐야 했던 철학자 한나 아렌트^{H. Arendt}는 1943년 〈우리 난민들^{We Refugees}〉이라는 아주 강렬한 논문을 발표했다. 거기서 그는 나치에 쫓기던 유대인들의 모습을 아주 서글프게 묘사했다. 독일에서 살아남기 위해 독일인보다 더 독일인인 것처럼 행동해야 했고, 프랑스로 도피해서는 프랑스인보다 더 프랑스인처럼 행동해야 했던 유대인들. 처음에 나치에 쫓겨 프랑스로 도피한 유대인들은 프랑스의 환대를 받았다. 그러나 독일과의 전쟁이 시작되자마자 프랑스는 유대인들을 가두어버렸다. 독일인이 될 수 있고 프랑스인이 될 수 있는 이들은 언제든 또 다른 자들이 될 수 있기 때문이다.

바로 이런 역사를 가졌기에 유대인들은 2차 대전 이후 다른 나라 시민이 아닌 제 나라 시민으로 살려는 열망, 다시 말해 자기 나라를 건국하려는 열망을 강하게 느꼈는지 모르겠다. 사실 유대인만이 아니다. 주류 질서에서 쫓겨나 불안정한 삶을 사는 사람들은 한편으로 자기를 쫓아낸 이들에 반감을 품지만, 다른 한편으로는 그 누구보다 그런 권력을 가진 이들로서 살고 싶어 하고 안정된 질서에 편입되기를 원한다. 불안한 삶의 고통을 누구보다 잘 알기 때문이다.

그런데 앞의 논문에서 아렌트는 유대인 중 소수는 전혀 다른 길을 걸었다는 점을 환기시킨다. 많은 유대인이 주류 질서에서 출세를 꿈꾸었지만, 소수의 유대인은 차라리 '의식 있는 추방자conscious pariah'가 되길 원했다는 것이다. 하이네에서 카프카, 그리고 어쩌면 찰리 채플린까지, '무례해 보일 정도로' 진실을 말하기를 두려워하지 않는 이들이 있었다. 누군가는 추방되었기에 더 출세하려 하고 내 것에 더 집착하는데, 소수의 사람은 추방되었기에 그 추방의 진실을 증언하는 운명을 택한다. 다수는 저 자신이 추방된 자들이었으면서도 다른 추방된 자들로부터 자신을 분리하고 주류가 되려 했지만, 소수는 추방된 자들로 기꺼이 남아 진실을 증언하고 다른 추방된 자들과 연대하려 했다.

젊은 스피노자도 그랬지 않았나 싶다. 젊은 그는 '무례할 정도'로 진실을 말하는 데 주저함이 없었던 것 같다. 그래서 언젠가는 누군가의 칼에 찔린 적도 있었다. 이후 칼에 찢긴 코트를 걸어놓고 그는 "모두가 진리를 사랑하는 것은 아니니 주의하라"는 말을 적었다고 한다. 아마도 그는 유대인들의 지배 정서를 따르지 않았던 것 같다. 당시 네덜란드 유대인들은 스페인과 포르투갈에 대한 증오 때문에, 종교적으로는 거리가 먼 칼뱅파와 협력하고 있었다. 이들은 공화주의 네덜란드를 스페인에 맞설 호전적인 민족국가로 만들려 했다. 스피노자는 거기에 비판적이었다. 물론 이것이 파문의 이유였는지는 확실치 않다. 그러나 어떻든 그는 공동체에서 파문되었고 그 때문에 가업을 이어갈 수 없었다. 그래서 안경 세공술을 익혀야 했다. 그러나 바로 그 덕분에 광학 법칙에 익숙해졌고 당대 과학의 성과를 눈여겨보았다. 또한 파문되었기에 자기가 속한 공동체에서 벗어나 두려움 없이 진실을 말하는 철학자의 길을 걷게 되었다.

추방된 자들의 공동체에서 다시 추방된 자로 살아간다는 것. 현대에도 이런 일은 여전히 일어난다. 다큐멘터리 〈미국의 급진주의자-노먼 핀켈슈타인의 심판 American Radical-The Trials of Norman Finkelstein〉의 주인공 핀켈슈타인은 한국에도 《홀로코스트 산업》이라는 책의 저자로 알려져 있다. 그는 이 책에서 미국 유대인들이 '홀로코스트'를 유대인의 전유물로 만들고 그것을 도덕적 자본으로 삼아 시오니즘을 확장해왔다고 비판했다. 이 책은 말 그대로 엄청난 파문을 불러왔다. 그런데 사람들의 이목을 끈 것은 이 주장의 당사자가 유대인일 뿐만 아니라, 그 부모가 홀로코스트의 생존자였다는 사실이다. 친가도 외가도 홀로코스트 속에서 말 그대로 절멸되었다.

그런 그가 왜 이런 비판을 내놓았을까? 게다가 그는 팔레스타인의 독립을 강력히 지지하며 이스라엘이 자행한 학살들을 신랄하게 비난한다. 도대체 왜? 그는 이렇게 말한다. "나의 양가 가족들은 (홀로코스트로 인해) 모두 죽었습니다. 나의 부모님은 바르샤바 게토에서 살아남은 사람들입니다. 그런데 내가 이스라엘이 팔레스타인 사람들에게 범한 죄악에 침묵할 수 없는 것은 부모님이 나와 형제들에게 준 가르침, 정확히 바로 그것 때문입니다."

말 그대로다. 어떤 유대인들은 그들의 부모가 당한 학살의 기억 때문에 자기 나라를 강한 힘으로 지켜야 하고 자신을 위협하는 세력들을 먼저 제압해야 한다고 생각한다. 하지만 소수의 유대인은 학살을 기억하고 폭압에 반대하기에, 자신들이 그런 학살자가 되지 않도록 경계한다. 무엇보다도 그들은 자신의 부모처럼 나라를 잃고 억압받는 이들의 편에 서려고 한다. 유대인들은 핀켈슈타인을 '자학적 유대인'이라고 부른다. 그는 결국 대학에서도 쫓겨났다. 학과 교수들은 그를 강하게 지지했지만, 대학은 그의 종신 재직을 거부했다. 그는 시간강사로 여기저기를 전전하지만, 점점 그를 받아들이려는 대학은 줄어간다. 유대인 단체들은 그가 세 들어 사는 집의 주인에게도 그를 내보내라고 압력을 넣는다고 한다. 그도 파문된 것이다. 이제 그도 소수의, 드물지만 고귀한 학자들의 전통에 선 것이다.

멋대로
원망하라, 나도 용서하지
않겠다
*

        경찰관 살해 사건의 범인으로 확정판결을 받고 형장에 들어선 트로이 데이비스Troy Davis. 그가 죽음의 방에 들어와 가장 먼저 한 일은 첫 줄에 앉은 피해자 유족을 바라보는 것이었다. 의자에 묶인 데이비스는 할 말이 있느냐는 물음에 고개를 들어 경찰관 가족에게 말했다. "당신들의 처지를 압니다. 하지만 나는 그 짓을 저지른 사람이 아닙니다. 나는 당신들의 아들이자 아버지이고, 형제인 그 사람의 목숨을 앗아가지 않았습니다. 나는 결백합니다." 그러고는 말을 이어갔다. "이 사건을 더 깊게 파보세요. 그러면 진실이 뭔지 알게 될 겁니다." 그는 자신의 가족과 친구들에게도 부탁을 남겼다. "계속 기도해주세요. 그리고 신념을 잃지 마세요." 그리고 눈을 돌려서 형을 집행할 사람들, 다시 말해 그의 목숨을 거두어 갈 교도관들에게 말했다. "내 목숨을 앗아갈 당신들에게, 당신들의 영혼에 신의 자비가 내려지길 기원합니다." 그는 "여러분들의 영혼에 신의 축복이 있기를"이란 말을 남겼다.

경찰관은 1989년에 살해당했고, 트로이 데이비스는 2011년에 사형당했다. 사건 당시에 트로이 데이비스를 범인으로 인정할 만한 직접적인 증거는 없었다. 즉 범행에 사용된 총기 같은 것은 발견되지 않았다. 그러나 여러 목격자의 증언이 나왔고 그것이 재판부의 판결에 결정적인 영향을 미쳤다. 그런데 시간이 흐르면서 범인으로 지목된 그가 계속해서 결백을 주장하고 증언자들 중 증언을 철회하거나 아주 모순된 증언을 하는 사람들이 생겨나면서 그의 사형에 대한 반대 여론이 일어났다. 결국, 증언자 중에 경찰이 아닌 민간인은 단 두 명만 남게 되었고, 나머지는 모두 '경찰이 압박해서 그렇게 증언한 것'이라며 증언을 철회해버렸다. 게다가 새로 발견된 증거에 따르면 증언을 철회하지 않은 둘 중 한 사람은 그 자신이 유력한 용의자였다. 처음에 유죄를 선고했던 판사는 자신이 검찰과 경찰이 만들어낸 '마술 장치smoke and mirror' 때문에 올바른 판단을 내리지 못했으며, 지금 판결을 하라면 무죄 선고를 내릴 것이라고 고백하기도 했다.

데이비스의 사형 집행을 중지하라는 요구가 여기저기서 나오자 2007년 미국 연방 대법원은 데이비스에게 무죄를 증명할 특별한 기회를 부여했다. 하지만 조지아주 법원은 연방 대법원이 부여한 새로운 재판 기회를 엉뚱하게 변질시켰다. 트로이 데이비스에게 자신이 죄가 없음을 한 점의 의혹도 없이 증명하라고 했다. 유죄를 확신하고 사형을 구형한 검찰이 의혹에 답변하는 것이 아니라 데이비스 자신에게 한 점의 의혹 없이 해명하라고 요구한 것이다. 그리고 증언을 청취한 결과 모든 의혹이 말끔히 해소되지 않았다고 하면서 형을 그대로 확정해버렸다.

그때에 나는 뉴욕의 할렘에 머물고 있었는데, 동네 곳곳에 트로이 데이비스의 사형 집행을 반대하는 벽보들이 나붙었다. 나는 그곳에서 함께 지내던 지인에게 사형 집행이 결국 철회되지 않겠느냐고 말한 적이 있다. 워낙 사건이 의혹투성이인데다가 미국의 전임 대통령부터 교황까지 나선 터라 사형을 집행하기는 어려워 보였다. 그런데 그는 내가 미국을 너무 모른다는 듯이 단호하게 말했다. "사형은 반드시 집행될 겁니다." 사형에 대한 모든 권한은 주에 있고 연방은 여기에 관여할 수 없다고 했다. 그리고 사형 제도를 가진 남부의 주들은 이것을 반드시 관철할 것이라고 했다. 이 사건은 흑인이 백인 경관을 살해한 사건이므로 철회 가능성은 애초에 없으며, 초기 수사 단계부터 배심원 구성까지 이미 흑인 범죄자에 대한 처형을 예비한 것이라고 했다. "어쩌면 남북 전쟁 전에 여러 남부의 주에서 사적으로 가해진 린치나 처형이 법과 제도 차원에서 흡수된 것뿐인지도 모른다"며 사형 제도를 유지하고 있는 남부의 주들을 비판하기도 했다. 그의 분석이 옳은지는 모르겠으나 그가 내린 결론은 옳았다.

언론인인 에이미 굿맨$^{Amy\ Goodman}$은 그의 블로그에 이런 글을 남겼다. "요즘 미국에서는 죽음을 조장하는 경향이 보인다. 아주 최근에 플로리다 탬파베이에서 열린 공화당 전당대회에서 CNN의 울프 블리처$^{Wolf\ Blitzer}$가 이런 가정형 질문을 던진 적이 있다. 의료보험을 구매하지 않은 사람이 심각한 병에 걸렸다면 우리는 그를 그냥 죽게 내버려둬야 합니까? 그때 전당대회장은 '네!'라는 소리로 가득 찼다. 이전의 후보토론회에서는 이런 일도 있었다. 공화당 유력 후보인 릭 페리$^{Rick\ Perry}$ 텍사스 주지사에게 사형 집행에 대한 열정을 계속 유지할 것인지를 물었다. 그때 청중들이 갑자기 일어나서 릭 페리를 격려하는 환호를 보냈다. 그러자 사회를 보던 NBC 뉴스의 브라이언 윌리엄스$^{Brian\ Williams}$가 물었다. '당신 재임기에 일어난 234명의 처형을 언급하는 순간, 여기서 일어난 저 환호와 역동성으로 당신은 앞으로 무엇을 하실 생각입니까?'"

나는 미국의 시골 동네와 대도시 맨해튼에서 잠깐씩 살았다. 미국에 대해서 이러쿵저러쿵할 정도의 시간을 보내지도 못했고 이나라를 충분히 둘러본 것도 아니다. 미국이 단점만큼이나 장점도 많다는 말을 들었고, 실제로 어떤 경우에는 이게 이 나라, 이 문화의 저력인가 하는 생각을 하기도 했다. 하지만 지금 미국은 뭔가 크게 잘못된 방향으로 가고 있다는 생각을 지울 수 없다. 고층의 세련된 빌딩이 그야말로 한없이 펼쳐져 있지만 그 아래 서민들이 타는

지하철은 벽이 벗겨지고 물이 새고 쥐까지 득실댄다. 엄청난 부자가 많지만, 서민의 삶까지 신경 쓰기에는 정신이 너무나 가난한 나라이다. 세상 어느 곳보다 표현의 자유가 보장된 곳이지만, 영화감독 마이클 무어는 자기의 발언 때문에 언제 테러를 당할지 몰라 사설 경호원들을 데리고 다닌다(실제로 그때 즈음 민주당 의원 한 명이 총격을 당하기도 했다). 게다가 이 도시는 세계의 온갖 인종들이 모여 살지만 절대 섞이지 않는다. 인종과 계급의 벽이 이렇게 확실한 곳도 없지 않을까 싶다.

이 주제를 쓰기 시작했을 때 나는 니체의 말을 인용해서 부당한 일을 겪거든 성인군자처럼 아름답게 굴지 말고 약간의 앙갚음을 하는 것이 좋다는 식으로 말할 생각이었다. 그런데 차분한 목소리로 자신의 결백을 주장하면서도 자기 목숨을 앗아갈 사람의 죄책감을 조금이라도 덜어주기 위해 그들의 영혼에 신의 축복을 기원하는 트로이 데이비스를 보며 생각을 바꾸어버렸다. 나는 니체가 아니라, 그보다 좀 더 독기가 있었던 중국의 위대한 작가 루쉰의 말을 여기 적어두어야겠다고 결심했다. 아래 말은 루쉰의 잡문 〈죽음〉의 마지막에 나오는 구절로, 실제로 루쉰이 병이 심해져서 어느 정도 죽음을 예비한 상황에서 쓴 글이다. 그는 죽을 때 모든 은원을 다 정리하고 모든 것을 용서한다는 사람들에게 이렇게 말했다.

"서양인은 임종 때에 곧잘 의식 같은 것을 행하여 타인의 용서를 빌고 자기도 타인을 용서한다는 이야기가 있다. 나의 적은 상당히 많다. 만일 신식을 자처하는 사람이 묻는다면 뭐라 답할까? 나는 생각해보았다. 그리고 결정하였다. 멋대로 원망하도록 하라. 나 역시 한 사람도 용서하지 않겠다."

굴복보다
커피를 택한
이들

*

          대학원을 졸업하던 날, 학교에서 선생님 한 분을 인사차 찾아 뵌 적이 있었다. 이 경우 선생들은 대개 '논문 쓰느라 고생했다', '앞으로 좋은 연구 많이 하길 바란다'는 식의 덕담을 건넨다. 그런데 나는 이날 참 귀한 덕담을 들었다. 차를 한 잔 내주던 선생은 평생을 연구자로 살아가겠다는 내게 불쑥 이런 말을 던졌다. "젊어서 함부로 무릎을 굽혀서는 안 된다." 당신 친구들을 보건대 젊어서 한 번 무릎을 구부리면 평생 습관이 되더라는 말씀도 덧붙였다. 돈이 필요하고 남의 인정이 필요한 사람, 다시 말해 '성공'하려는 사람이라면 제 무릎을 아끼지 않겠지만, 제자가 공부하겠다고 뜻을 밝혔으니 그 길을 걷고 있는 선생이 귀한 말로 제자의 여비를 챙겨준 것이다. 겸손의 미덕을 모르지 않는 분이었기에 난 그 말의 무게를 짐작했다.

선생은 학문의 길에 나선 어린 제자에게 그 말을 던졌지만, 공부라는 게 '깨달음'과 다르지 않다면, 그것이 꼭 책을 읽고 글을 쓰는 사람에게만 해당되는 말은 아닐 것이다. 칸트가 '계몽'의 비밀을 지능이 아닌 '용기'에서 찾았듯이, 그리고 '비판 이성' 이외에 아무 권위도 인정하지 말라 일렀듯이, 삶에서 무언가를 배우고자 한다면 자신이 동의하지 않는 것에 쉽게 고개를 끄덕이거나 무릎을 꿇는 짓을 해서는 안 된다.

물론 이것이 쓸데없이 제 고집을 세우라는 말은 아니다. 오히려 아집이야말로 내 습관과 편견(그것을 심어준 사회와 문화)에 굴복하는 것이다. 내게 낯선 존재, 내가 이해할 수 없는 존재에게 기꺼이 나 자신을 개방하고 거기에 귀를 기울이는 용기를 낼 때, 우리는 뭔가를 깨우칠 수 있다. 그래서 기꺼이 동의할 때도 자유로운 사람이 있는가 하면 삐딱하게 고집을 세울 때도 노예인 사람이 있는 것이다. 노예란, 저 자신이 옳고 그름을 따져볼 능력이 없는 존재 혹은 그런 것에 무관심한 존재를 가리킨다. 그래서 노예는 습관에 의탁하고 언론에 의탁하고 권력자에 의탁하고 다수에 의탁하는 것이다. 쉽게 굴복한다는 것은 스스로 따져볼 능력과 의지가 없는 것이니 그에게는 무엇을 배울 수 있는 바탕이 없는 것과 같다.

먼 나라에 머물 때에도 눈과 귀를 반쯤은 한국에 두었던지라 한국 상황이 답답해지면 책이 좀처럼 읽히질 않았다. 마음이 심란해서 이 책 저 책을 꺼내 드는데 갑자기 십 년 전쯤 적어두었던 독서 메모 하나가 툭 튀어나왔다. 미국과의 자유무역협정^{FTA}이 선포된 날, 못 살겠다며 봉기를 일으킨 멕시코 남부의 사파티스타 원주민들, 그 부대를 이끌던 부사령관 '마르코스'라는 사람이 쓴 책에 대한 것이었다(그가 '부사령관'인 이유는 주민을 '사령관'으로 모시기 때문이다). 이 책은 《마르코스와 안토니오 할아버지》라는 제목으로 한국에 번역 출간되었다. 여기 등장하는 안토니오 할아버지는 실재 인물이었고 마르코스가 그와의 대화를 우화 형식으로 풀어 썼다.

이 책에 대해 내가 남겨놓은 것은, 사실 독서 메모라고는 했지만 이 책의 어느 부분을 필사해놓고는 한마디 적어둔 게 전부였다. 그 부분을 여기에 다시 옮겨 적는다. 이 이야기는 전세가 매우 불리해진 사파티스타 부대가 정부군에 굴복할 것인지를 두고 논란을 벌이는 장면에서 시작된다.

사령부에서 오후 내내 토론을 벌였다. 우리는 '굴복'이라는 말을 표현하기 위해 원주민 언어에서 그에 해당하는 단어를 찾고 있었다. 그러나 그 단어를 찾아낼 수 없었다. 초칠 족의 언어에도, 첼탈 족의 언어에도 그 말에 적합한 번역어가 없었다. 아무도 그 단어가 토홀라발 족의 언어와 촐 족의 언어에 존재한다는 것을 생각해 내지 못 했다. 우리는 적절한 번역어를 찾느라 많은 시간을 보냈다. 밖에는 비가 내리고 있었고, 먹장구름이 비의

친구인 양 나타나 우리 머리 위에 드리워졌다.

(그때 안토니오 할아버지가 말했다.) "그 단어는 진실한 언어에는 존재하지 않는다네. 바로 그러하기에 우리는 절대로 무릎을 꿇고 굴복하지 않는다네. 차라리 죽음을 택한다네. 그것은 우리보다 먼저 죽은 이들이 우리에게 진실한 언어에 존재하지 않는 단어들은 세상에서 생명력을 가지지 못하도록 절대로 사용해서는 안된다고 명령을 내리기 때문이라네."

사령부는 커피를 마실 것인지, 계속 '굴복하다'에 적절한 단어를 진실한 언어에서 찾을 것인지를 이 땅 치아파스의 전통에 따라서 표결에 부친다. 만장일치로 커피를 마시기로 한다. 누구도 굴복하지 않는다.

—마르코스, 《마르코스와 안토니오 할아버지》 중에서

내가 이 이야기를 정성껏 필사해두고 적어둔 한마디는 이것이었다. "얼마나 위대한 무지인가. 굴복을 모른다는 것. 이 부족에게는 굴복이 없고 커피가 있다."

저항
의
가치 *

아무런 저항도 없는 세계. 그것은
모든 권력자가 꿈꾸는 유토피아일 것이다. 대단한 권력자가 아니라
해도, 정치의 세계에서든 학문의 세계에서든 사람들은 저항을 부정
적인 것으로 인식한다. 정치인들은 저항을 눌러버리거나 떨쳐 내버
려야 할 것으로 인식하고, 학자들은 상대방을 꼼짝 못 하게 만들었
을 때 자기주장의 진리가 입증되었다고 믿는다. 어느 경우든 저항
자체를 가치 있는 것으로 인식하는 일은 드물다.

그런데 정신분석을 개척한 프로이트의 글을 읽다가 이 드문 예
를 보았다. 프로이트는 자신만의 방법을 발전시키기 전에 최면술
에 기대를 걸고 있었다. 최면술은 그에게 '무의식'의 존재를 깨닫게
해주었다. 프랑스 의사 샤르코로부터 최면술을 배운 뒤 오스트리아

에 돌아와서 그는 본격적인 시술에 나섰다. 그런데 얼마 지나지 않아 최면술의 중대한 문제를 발견한다. 환자에게 최면을 걸면 시술도 편하고 시간도 단축되지만, 효과가 지속적이지 않았고 그나마 효과도 들쭉날쭉했다. 그때 그는 최면술을 사용함으로써 뭔가 중대한 것을 잃었다는 것을 깨달았다. 최면술은 뭔가 중요한 것을 제거해버린다. 환자의 저항, 바로 그것이다.

환자의 저항은 통념상 분석을 막는 장애물이다. 그러나 프로이트에 따르면 그 반대가 진실이다. 그는 저항이란 나타나기 마련이고 또 나타나야 한다고 말한다. 정신분석가는 오히려 환자의 저항을 "분명하고 충분할 정도로" 불러일으켜야 한다. 저항이야말로 무의식에 대한 분석을 가능케 해주는 소중한 통로이기 때문이다. 환자가 어떤 요소에 어떤 강도로 저항하는지 살펴봄으로써 분석자는 환자의 무의식을 역동적으로 파악할 수 있다. 그런데 최면술은 환자의 이러한 저항을 없앰으로써, 다시 말해서 저 깊은 곳에서 나온 언어를 삭제함으로써, 분석가를 어떤 한계 속에 가두어 버린다.

정신분석에서 저항하지 않는 환자란 말하지 않는 환자와 같다. 그렇게 되면 분석가는 편안하게 자기 말을 할 수 있을 것이다. 그러나 이것은 대화가 아니라 독백이다. 분석가는 아무런 방해 없이 자기 지식을 적용할 수 있겠지만, 환자를 이해할 수는 없다. 그래서였을까? 정신분석을 배우러 온 청중들에게 프로이트가 한 말은 아주 의미심장하다. "가장 엄격한 의미에서 정신분석학은 남의 말을 들음으로써만 배울 수 있습니다."

물론 정신분석도 하나의 분석이고 치료인 한에서는 환자의 저항을 극복해가야 한다. 게다가 정신분석은 매우 부도덕하고 수치스러운 욕망들을 들추어내기 때문에, 당연히 환자의 강력한 부인과 저항에 부딪힌다. 생활에 큰 지장이 있을 만큼 신경증에 시달렸고 그것을 치료하기 위해 비싼 상담료까지 냈음에도 사람들은 분석가의 작업에 필사적으로 저항한다. 그러나 이해하기 어려운 이러한 저항은 분석가에게 미로를 탐사할 수 있는 붉은 실을 던져준다. 정신분석가는 환자의 저항을 극복해가지만, 그 극복은 환자의 저항을 긍정하는 것에서 시작한다. 진정한 이해는 저항의 너머에 있지만 우리는 저항을 통해서만 거기에 이를 수 있음을 아는 것이다.

이처럼 저항을 긍정하고 저항을 통해 드러난 문제를 이해하는 것은 저항을 부인하고 그것을 없애려는 태도와는 완전히 다른 것이다. 정신분석은 우리에게 '저항의 부인'이 문제의 해결이 아니라 그 통로의 봉쇄라는 것을 말해주며, 강한 억압은 더 큰 왜곡을 낳을 뿐이라는 것을 보여준다. 나는 이것이 정신분석가와 피분석자, 의사와 환자에게만 해당하는 말은 아니라고 생각한다. '저항 없는 세상'을 꿈꾸고 '독백'만을 일삼는 사람들이 무엇을 놓치며, 스스로 어떤 한계에 갇히는지, 그래서 어떤 위험에 빠지게 되는지를 생각해야 한다. 시끄럽다고 귀를 닫으면, 당연한 말이지만, 이해할 수도 없게 된다. 저항의 목소리가 들리지 않으면 편하고 좋겠지만, 그것은 무지의 위험 속에서 누리는 안락이다. 그리고 그 위험은 누구보다도 그 안락을 누리는 자를 향하게 되어 있다. 한마디로 저항을 소중히 생각하고, 저항의 언어에 귀를 기울여야 한다.

프로이트가 정신분석을 처음 배우려는 사람들에게 첫 강의 때 했던 말이 떠오른다. 그는 정신분석학에 대해 청중들이 본능적인 적대감을 가질 것이라고 했다(아마도 이런 적대감이 없는 사람이라면, 그는 그저 정신분석에 대해 교양을 쌓는 수준의 피상적 지식을 얻고자 하는 사람에 불과할 것이다). 그리고 정신분석을 공부하면 앞으로 꽤 큰 고초를 당할 것이라고 경고했다. 학계에서 일자리를 얻기도 어려울 것이고, 사람들의 "불신과 적의로 가득 찬 눈초리"도 받을 것이다. 프로이트는 마치 정신분석 공부를 안내하기는커녕 막으려는 사람처럼, 난관과 고초, 불이익들에 대해 계속 말했다. 그러고는 마지막에 이렇게 덧붙였다. "나의 경고를 무시하고 다음번에도 이 강의에 들어온다면 그 사람들은 환영합니다." 참 재밌는 말이다. 정신분석을 공부하면 맞부딪칠 장벽처럼 나열한 것들이 사실은 정신분석을 공부할 사람들을 위한 환영사였던 셈이다.

5 장

우리는
자본주의 수용소에
살고 있다

해석 노동과
공감의
능력 *

2007년, 대형할인점 '홈에버'에서 노동자들이 매장을 점거하며 파업을 벌인 적이 있다. 파업 노동자들 대부분은 비정규직 여성노동자들이었다. 좀 생뚱맞게 들릴지 모르겠지만, 거기서 나는 철학 강의를 한 적이 있다. 삶의 절실함이 만들어낸 사건 현장은 철학하기에 좋은 장소라는 말을 한 적이 있었는데, 그 말을 적어둔 누군가가 나를 꼼짝 못 하게 만들어서 마련된 자리였다. 어떻든 그 인연으로 노동자 몇 분과 이런저런 이야기를 나눌 기회가 있었다.

그런데 한 분이 파업 전의 노동환경에 대해서 말하다가 끔찍한 이야기를 하나 들려주었다. 대형할인점에서는 대체로 고객의 불평을 샀거나 자체 비밀 점검에서 '걸린' 노동자들(가령 계산대에서 고객을 향

159

해 속사포처럼 내뱉는 '다섯 가지 인사말' 중 한두 개를 빼먹어도 손님을 가장한 점검반에 걸릴 수 있다)한테 다음 날 2시간 일찍 출근하게 해서 계속 인사를 반복게 하는 처벌을 내린다고 한다. 그런데 그분이 일했던 매장에서는 30대의 과장이 4~50대의 여성 노동자들에게 '토끼뜀'이나 '오리걸음'을 시킨 모양이었다. 그야말로 가혹한 인권침해 사례였다.

그 말을 듣다가 나는 너무 어이가 없어서, 그걸 그냥 참고 있었느냐고 물었다. 그런데 답변이 아주 인상적이었다. 물론 억울하기는 했는데 그때 과장으로서는 화가 났을 수도 있다고 생각했다는 것이다. 자기는 애들 학원비라도 벌어 볼 요량으로 비정규직으로 일하고 있지만, 과장은 정규직이니까 회사에 대한 애착이 자기와는 다를 것 같기도 하고, 무엇보다 고객 불평이 매출 타격으로 이어질 수 있기 때문에 회사로서는 서비스 문제에 민감했던 거로 생각했다는 것이다. 물론 자기로서는 억울했다. 고객들이 마구 몰려드는 시간대에 인사할 것 다하고 일 처리를 하면 뒷줄의 고객은 온갖 욕설을 한다. 그냥 빨리빨리 처리하다 보면 인사 같은 것 한두 마디쯤은 생략될 수도 있는데, 이런 처벌을 받는 건 너무 심하다고 했다.

내가 그의 답변을 인상적이라고 했던 것은 일종의 시각의 전도 때문이다. 그는 상황을 자기 눈이 아니라 과장의 눈을 통해 이해하려고 했다. 즉 과장의 처지에서는 내 행동이 화가 날 수 있었겠다고 보았고, 그 때문에 자신이 겪은 끔찍한 일을 수용하려 했다. 이처럼 사회적 약자들은 어떤 상황을 자기 식으로 해석하기보다 권력을 가진 자의 눈으로 보려고 한다. 어차피 상황은 권력자가 그것을 어떻게 해석하느냐에 달렸기 때문이다.

인류학자 데이비드 그레이버David Graeber는 이를 '해석 노동interpretive labor'이라고 불렀다(나는 그의 저서 《역순의 혁명[Revolution in Reverse]》에서 이 개념을 처음 만났다). 그는 '해석 노동'의 기본 내용을 남녀의 비대칭적 권력관계에 대한 페미니스트들의 주장에서 발견할 수 있다고 했다. 가령, 남성에 대한 여성의 이해와 여성에 대한 남성의 이해 사이에는 비대칭성이 존재한다. 남녀에게 성별을 바꾸어 서로의 일상에 관해 기술해보라고 하면 여성은 대체로 남성의 일상을 자세히 적는 데 비해 남성은 여성이 하는 일 자체에 대해 별 개념이 없는 답변을 한다. 이는 여성이 남성의 관점에서 사태가 어떻게 보일지를 자주 상상하며 남성의 시각을 자기 시각으로 만드는 경험을 많이 했기 때문이다. 그리고 이런 경향은 가부장제 사회일수록 크다고 한다.

그런데 그레이버에 따르면 해석 노동의 사례들은 여성만이 아니라 사회적 약자 일반에게서 나타난다. 그에 따르면 "바닥에 있는 자들은 꼭대기에 있는 자들의 관점을 상상하기 위해 많은 시간을 소비하며 실제로 그들에게 마음을 쓰지만, 그 반대의 경우는 거의 일어나지 않는다." 그래서 가령 레스토랑 주방에서 무슨 일이 생기면, 노동자들은 점장에게 사태를 설명하기 위해서 이런저런 말을 마구 늘어놓게 되어 있다. 아마도 사태의 진실이 조금이라도 덜

전달되어 권력자가 판단을 잘못하면 자기로서는 그 피해를 감당할 수 없기 때문일 것이다. 하지만 점장과 같은 권력자는 이와는 반대되는 태도를 보인다. 그는 복잡한 이야기들을 다 듣고 싶어 하지 않는다. 그는 요점만 파악하고 싶어 하며, 그것도 철저히 자기 시각에서, 자기 논리대로 정리하려고 한다.

사실 이런 일은 누구나 떠올릴 수 있다. 직장에서 어떤 일이 생겼을 때 직원들은 상사나 사장이 이 문제를 어떻게 볼지 먼저 생각하며, 군대에서 사고가 나면 그 사태의 진실보다는 상관의 눈에 그 사태가 어떻게 비칠지 고민하게 된다. 커피 전문점의 아르바이트생은 고객과의 다툼이 생겼을 때 이 다툼이 점장에게 어떻게 비칠지 상상하며, 교실에서 어떤 문제가 터졌을 때 학생들은 그것이 교사의 눈에 어떻게 보일지 상상한다. 집안이 가부장적이라면 엄마는 오늘 일어난 일을 저녁에 돌아온 아빠가 어떻게 생각할지 온종일 고민할 것이다. 이처럼 타자의 입장에서 문제를 바라보고 해석하는 노동은 그 노동을 수행하는 사람의 사회적 위치를 드러내 준다.

하지만 해석 노동을 수행하는 사람들의 사회적 지위가 낮다고 해서 그 노동이 그렇게 무가치한 것은 아니다. 사실은 반대다. 타인의 입장을 상상하고 공감하려는 노력은 인간이 인간을 대하는 데 있어 가장 기본적이면서도 중요한 것이기 때문이다. 이는 사람이 사람을 기르고, 사람이 사람을 사랑하기 위한 절대적 전제이다. 즉 해석 노동은 인간관계를 떠받치는 근간이라고 할 수 있다.

그레이버는 "산업 영역에서는 꼭대기에 있는 사람들이 상상력을 더 많이 발휘하는 일(가령 제품을 디자인하고 생산을 조직하는 일)을 하는데, 사회적 관계의 생산에서 불평등이 출현할 때는 바닥에 있는 사람들이 주로 상상적인 일(앞서 '해석 노동'이라고 부른 것)을 하는 것이 일반적"이라고 했다. 제품을 생산할 때는 상상력을 발휘하는 일을 높이 치면서, 인간관계를 생산할 때, 즉 사람이 사람을 생산할 때는 낮은 지위의 사람이 상상력을 발휘하게끔 구조적으로 강제된다는 것이다. 이것이 불평등한 사회의 특징이다.

아마도 좋은 사회는 그 반대일 것이다. 그러고 보니 예전에 읽었던 어느 원시 부족 추장의 이야기가 생각난다. 그는 추장임에도 부족원들 모두의 마음이 어떤지 세심하게 신경을 썼고 그것을 배려하는 것에 큰 명예와 자부심을 느꼈다. '추장임에도'라고 말했지만, 사실은 그런 세심한 돌봄이 그를 추장으로 만들어준 것이다. 아마 우리네 권력자들은 '권력자가 번거롭게 뭐하러 그렇게 하느냐'고 의아해할 것이다. 그러나 그 추장은 자신을 공동체의 리더라고 생각할지언정 권력자라고 보지는 않았다. 우리 대부분은 이 말을 쉽게 이해할 수 없을 것이다. 우리는 그런 걸 본 적도 없고 생각해본 적도 없는 사회에 살고 있기 때문이다.

하지만 이것은 확실하다. 상급자가 하급자의 마음을 헤아리고, 점장이 종업원의 마음을 헤아리고, 교사가 학생의 마음을 헤아리고, 부모가 아이의 마음을 헤아리는 것, 다시 말해 권력자가 인간관계에서 해석학적 노동을 수행하는 사회가 좋은 사회다.

원자력
으로부터의
전향 *

이제는 새로울 것도 없는 이야기
지만 한국은 국토 면적 대비 원전 개수를 재는 원전 밀집도에서 단
연 세계 1위인 나라다. 현재 스무 개가 넘는 원전이 가동 중이고, 정
부의 에너지 수급 계획에 따르면, 2024년에는 34개의 원전이 가동
된다고 한다. 그때가 되면 2위인 프랑스의 3.5배에 달하는 원전 밀
집도가 된다. 우리처럼 기름 한 방울 안 나는 나라도 많고 우리만큼
원전 기술을 갖춘 나라도 제법 있지만, 어떤 나라도 한국만큼 많은
원전을 지어놓지는 않았다. 핵발전 과정에서 생겨나는 폐기물에 대
한 대안도 없는 상황에서(그저 미래 세대가 해결하길 바라며 땅에 묻어두는 것 외에
방법이 없다), 그리고 자연재난이나 테러는 물론이고 장치 고장에 의한
대형재난의 위험이 남아 있는 상황에서, 우리는 좁디좁은 품 안에

165

위험을 더해가고 있다.

언론 보도에 따르면, 일본의 후쿠시마에서는 지진과 원전사고로 2만 명의 사람들이 죽거나 실종됐다고 한다. 2만 명이라는 숫자도 어마어마하지만, 앞으로 수십 년간 음식물 섭취 등으로 인한 내부 피폭 때문에 암 같은 질병으로 죽어갈 사람들을 생각하면 정말 끔찍한 재난이 아닐 수 없다. 후쿠시마의 재난 이후 50개에 이르던 일본의 원전들은 사실상 가동을 멈추었다. 완전 정지 후 단지 몇 개만 재가동되었을 뿐이다. 수만에서 수십만 명에 이르는 일본 시민이 매주 수상관저와 의회를 둘러싸고 '원전 완전 제로'를 외치기도 했다. 일본에 있는 몇몇 지인들은 내게 자신들이 겪은 원전의 끔찍함, 최근 원전 반대 시위에서 일본 사회가 찾고 있는 희망에 대해 여러 이야기를 들려주고 있다. 이 중요한 이야기들이, 불행한 역사적 배경 때문인지, 원전 마피아들의 관념을 공유하는 한국의 언론 탓인지 대한해협을 좀처럼 건너오지 못하는 것이 너무 아쉽다.

현대 프랑스 문학과 철학에 정통한 일본의 비평가 우카이 사토시(한국에는《주권의 너머에서》라는 책이 번역되어 있다)를 만났을 때, 그는 후쿠시마 재난 이후 일본 사회의 변화에 대해서 여러 귀한 이야기를 들려주었다. 그중에 그가 잠시 언급한 철학자 하이데거의 논문이 내 귀를 잡아끌었다. 하이데거가 1953년에 강연한 원고를 묶어낸 《강연과 논문》의 첫 꼭지 〈기술에 대한 물음〉이 그것이다(우카이는 이 글과 함께, 1963년의 강연〈원자력 시대와 인간성 상실〉을 함께 언급했다). "여기서 하이데거는 원자력발전에 대해 직접 언급합니다. 그는 우리가 설령 원자력을 통제하는 데 성공했다 해도 문제가 풀리는 게 아니라고 말합니다. 그는 원자력의 문제가 통제 가능성에 있지 않다는 것을 이미 지적했습니다. 그의 철학이 가진 문제에 대해서는 여러 이야기가 있을 수 있지만, 어떻든 그는 1960년대에 거기까지 나아갔던 겁니다."

우카이 말대로 하이데거는 '거기까지 나아갔던 것'이다. 지금의 우리는 '원전이 통제 가능한가' 혹은 '원자력을 평화적으로 쓸 수 있는가'에만 주목하고 있는데, 그는 그보다 더 나아간 질문을 던졌다. 하이데거는 말했다. "원자력이 평화적으로 사용되느냐, 전쟁을 위해 동원되느냐 등의 물음은 이차적인 겁니다. 우리는 그보다 먼저, 그 모든 것을 넘어 소급해서 물음을 던져야 합니다." 그는 원자력의 개발 때문에 드러나고 있는 것('탈은폐되고 있는 것'), 원자력 기술에 의해 각인되고 있는 것이 무엇인지 스스로 물었다. 그의 용어로 말하자면, 그것은 우리 '인간의 현 존재'이며, 오늘날 우리 삶이 처해 있는 어떤 '운명'이다. 항상 이런저런 요구에 쫓기고 '닦달당하면서', 전체 시스템의 한 부품으로 전락해 마침내는 "낭떠러지의 마지막 끝"에 서게 되는, 그런데도 정작 그 '위험'을 모르는 우리의 운명이 거기에 새겨져 있다는 것이다.

애당초 모든 '기술'은 어떤 것을 드러낸다. 고대 그리스에서 '테크네(기술)'라는 말은 일상의 재화를 제작하는 행위뿐만 아니라, 오

167

늘날 예술^{art}로 분류되는 다양한 실천과 생산을 의미했다. 그리스인들에게 기술은 무언가를 '밖으로-이끌어-냄^{Her-vor-bringen}', 즉 그들이 '포이에시스^{poiesis}'라고 불렀던 행위의 일종이었다. 가령, 구리를 나팔로 만드는 장인은 구리에서 나팔을 '밖으로 이끌어낸다'. 그러나 이 '드러냄'은 제작자의 전권 사항이 아니다. 제작자는 단지 그것이 가능하도록 여러 요소를 모으고 관리할 뿐이다. 구리라는 질료, 나팔 모양의 형상, 연주라는 목적, 그 모든 것을 함께 모은 제작자의 운동(실천)까지 더해졌을 때, 악기로서 '나팔'이 비로소 드러나는 것이다.

그런데 하이데거가 말한 바로는, 현대의 기술에 나타난 태도는 이와 매우 다르다. 하이데거는 그것이 '포이에시스'라는 의미에서 '밖으로 이끌어냄'이 아니라고 말한다. 그보다는 차라리 강압적으로 끄집어내 놓음, 즉 일종의 도발적 요청^{Herausfordern}이라고 했다. 예를 들자면, 고대의 농부들은 씨앗을 뿌려 싹이 돋아나는 것을 그 생장력에 맡기고 그것이 잘 자라도록 보살필 뿐이다. 하지만 현대의 농부들은 자연을 불신하기에 뭔가 더 내놓으라고 화학비료를 쓰고 농약을 치며 땅을 '닦달한다'. 과거의 풍차와 물레방아는 그 날개와 바퀴를 바람과 물에 전적으로 내맡기지만, 수력발전을 하는 댐은 전기에너지를 토해내도록 강을 변형시킨다. 강은 강으로서 존재한다기보다 "발전소의 본질에 맞춰 존재"하게 된다.

80세가 되던 해, 하이데거는 〈내맡김^{Gelassenheit}〉이라는 제목의 강연에서 이렇게 말했다. "이제 자연은 현대기술과 산업에는 하나의 석유 탱크이며 에너지 원천이 되었습니다." 그리고 원전 기술은 바로 이 연장선에 있다. 〈기술에 대한 물음〉에서 하이데거는 말했다. "공기는 이제 질소 공급을 강요당하고, 대지는 광석을, 광석은 우라늄을, 우라늄은 파괴를 위해서든 평화적 이용을 위해서든 상관없이 원자력 공급을 강요당하고 있습니다."

그런데 자연에 대한 이런 '닦달'은 사실 '인간이 받고 있는 닦달'의 연장이라고 할 수 있다. "숲에서 나무를 베는 산지기는 그의 할아버지와 같은 방식으로 숲길을 다니지만, 그가 알든 모르든 오늘날의 그는 목재 가공산업에 의해 주문받고 일을 한다." 그리고 목재 가공산업은 다시 가구 시장의 주문을 받고 있다. 마찬가지로, 우라늄에 원자력 공급을 강요하는 '닦달'은 가전산업의 요청이고, 더 나아가 저렴한 전기를 사용해 대량생산을 하고자 하는 산업 일반의 요청이다. 이 과정에 변형되는 것은 겉보기에는 자연이지만 더 근본적으로는, 그런 시스템에 부합하도록 만들어진 우리 삶의 형태이다. 우리는 도발적 요청을 받고 그것을 전달하는, 일개의 부품으로서, 도무지 어찌할 수 없는 운명 속에 놓여 있는 셈이다. '어쩔 수 없지 않으냐'는 항변 속에서 원전은 우리를 벼랑으로 끊임없이 몰아가는 끔찍한 운명의 증거이다.

정말 끔찍한 일은 이 '위험'을 우리가 '위험'으로 자각하지 않고, 이 '무능'을 우리가 '무능'으로 자각하지 못한다는 것이다. 마치 우리가 대단한 기술 역량을 가진 것처럼 우리 자신의 '무능'을 기만하고, 경쟁에서 우리가 '우위'에 있다는 사실만을 강조할 뿐 그 경쟁이 벼랑으로 내달리는 그런 경쟁임을 알지 못하는 것이다. 서로 '닦달하고 닦달받는' 운명을 바꾸려 하지 않는다면, 우리 삶의 지배적 형태를 바꾸려 노력하지 않는다면, 녹색성장이 녹색파괴의 동의어가 되고, 햇볕과 바람이 우라늄과 같은 운명에 놓이는 것을 막지 못할 것이다.

하이데거는 횔더린Hölderlin의 시구를 인용해 이렇게 말했다. "위험이 있는 곳에는, 구원의 힘도 함께 자라네." 그러나 이 나라에서 구원은 아직도 멀다. 바로 인근 후쿠시마에서 저 재난이 일어났음에도 우리의 당국자는 "한국이 원자력 강국으로 도약할 기회가 왔다"고 내뱉고 있으니.

고흐의
발작과 죽음
사이에서
*

빈센트 반 고흐. 아를의 반짝이는
별을 그렸고 태양보다 눈부신 해바라기, 초록 불꽃으로 타오르던
편백나무, 무엇보다 바다처럼 일렁이던 하늘을 그렸던 위대한 화
가. 그러나 그는 또한 사랑하는 여인을 만나게 해달라며 그녀의 부
모 앞에서 손을 태웠고, 동거하던 화가 고갱과의 갈등으로 왼쪽 귀
를 잘랐으며, 여러 번의 발작으로 정신병원에 입원했고 나중에는
복부에 총을 쏘아 자살했다. 그림의 천재성 곁에서 번뜩이는 삶의
광기, 격정적 터치 아래 꿈틀거리는 무서운 발작들. 고흐처럼 그리
고 싶은 사람은 많겠지만, 과연 고흐처럼 살고 싶은 사람은 몇이나
될까.

메트로폴리탄 미술관에서 고흐의 그림 한 점에 빠져든 적이 있

다. 밀레의 작품을 새로 그린 것이었다. 작품 이름은 〈걸음마First steps〉. 이 그림이 묘하게 나를 사로잡았다. 귀국할 때까지 나는 이 그림을 보기 위해 메트로폴리탄에 몇 번 더 들러야 했다. 봄에 씨를 뿌리기 위해 밭을 갈던 아빠는 농구를 잠시 내려놓고, 엄마 손을 잡고 나온 갓난아기를 향해 손을 벌리고 있다. 아이는 이제 걸음마를 시작하는 듯 엄마 손을 놓고 아빠를 향해 불안정한 걸음을 떼기 시작한다. 봄 아지랑이를 따라서 나무와 풀들은 라면 면발처럼 고불고불 피어오른다. 밀레의 원작이 오래된 흑백사진 같다면, 고흐의 새 그림에서는 색채들이 꽃 분수처럼 터져 나온다. 밀레의 그림이 평온하면서도 성스러운 느낌을 준다면, 고흐의 그림에서는 아이와 봄, 걸음마와 새로 돋은 싹들이 활기찬 생의 에너지를 분출한다.

고흐가 죽기 6개월 전쯤에 그린 이 그림에서는 권총으로 자신의 복부를 쏘았다는 사람을 도저히 떠올릴 수 없다. 〈걸음마〉만이 아니었다. 우편배달부 〈룰랭〉을 비롯해서 그가 그린 사람들, 하늘과 더불어 푸른색으로 물들어가던 올리브나무와 태양을 반사하는 듯 노란색으로 물결치는 밀밭, 그 어디에도 죽음이 없었다. 그가 죽기 전에 그린 많은 그림은 한편으로는 사물들에 대한 제한과 구분이 와해되는 깊은 구렁, 심연을 보여준다. 그런 동시에 이 그림들은 그 심연이 결코 무서운 곳이 아니라는 것, 무섭기는커녕 여러 사물들이 서로에게 물들어 하나의 흐름이 되는 곳임을 보여준다. 문득 이런 생각이 들었다. 그는 죽을 수는 있지만 자살할 수는 없다! 아

니, 심연에 뛰어들며 생을 마
감할 수는 있지만, 밀밭 위에
까마귀들을 한 마리씩 그려 넣
은 뒤 총알을 장전하고는 자신
을 겨누어 죽을 수는 없다!

그는 도대체 어떤 식의 죽음
을 택한 것일까? 2011년 영국 저널리스트 두 명이 고흐의 죽음이
자살이 아니라 일종의 '총기 사고'라는 새로운 주장을 해서 주목을
받았다. 이들은 고흐가 당시 그곳에서 총을 구하는 것도 불가능했
고(총도 발견되지 않았다), 총상을 입은 채 먼 길을 걸어 숙소로 걸어오는
것도 불가능했다고 말했다. 게다가 당시 동네 아이들 몇 명이 총기
사고를 일으킨 정황이 있다는 것도 밝혀냈다. 무엇보다 경찰이 와
서 고흐에게 '당신은 자살을 시도한 것이냐?'고 물었을 때, 고흐는
'네'라고 하지 않고 '그런 셈I believe so'이라 답했고, 덧붙이기를 "이 일
에 대해 누구도 추궁을 받아서는 안 된다Don't accuse anyone else"고 했다.
이들에 따르면, 고흐는 실수였든 의도였든 자신에게 총을 발사한
십 대 소년들을 보호해주기 위해 그렇게 답했다는 것이다.

고흐가 자살했는지 총기 사고로 죽었는지 나는 알 수 없다. 아이
들의 총기 사고인 게 분명하다고 해도, 내가 추측하는 고흐의 성정
이라면 그는 그것을 자살로, 다시 말해 자기 운명으로 기꺼이 받아
들였을 것이다. 하지만 내가 여기서 고흐의 죽음에 대해 말하려는

173

건 경찰관이나 역사학자들이 원하는 진실이 아니다. 내가 고흐의 죽음에 대한 통념적 해석에 반대하는 것은 새로운 사실을 알게 되어서가 아니다.

다만, 나는 누군가 이 사회에서 소위 '정상적인 삶'을 살 수 없을 때, 그의 신체든 정신이든 이 체제의 질서나 규칙들을 준수하기 어려운 상황에 있을 때, 그것을 곧바로 '죽음에 이르는 병약함'으로 몰고 가서는 안 된다는 점을 지적하고 싶다. 니체가 《즐거운 지식》에서 말하지 않았던가. 상식과 통념이 건강의 지표가 될 수 없듯이 광기도 그 자체로 질병이나 죽음과 동일시될 수는 없다. 니체는 미친 것과 아픈 것은 다르며, '광기'의 반대말은 '건강'이 아니라 '길들여진 두뇌'라고 했다. 고통을 느낀다고 해서 곧바로 '병약함'이 초래한 결과라고 말할 수도 없다. 역시 니체 식으로 말하자면, '병'은 종종 지나친 섬세함, 때로는 한계를 넘어서려는 과도한 건강 때문일 수도 있다.

다시 고흐로 돌아가 보자면, 나는 그의 '발작'과 '죽음' 사이에서 엄청난 간격을 발견한다. 잘 알려진 것처럼, 그는 아를에서 몇 차례나 발작을 겪었다. 발작 때문에 병원에 다녀온 후 그는 동생 테오에게 말했다. "병원에 다녀온 직후에는 '아무 일도 없었다'는 생각이 들지만 '그 뒤로' 병들었다는 느낌이 든다"고. 그리고 발작이 일어난 순간을 "그리스 신탁의 예언 같은 것에 뒤틀리는 순간"이라고 표현했다. 신탁 앞에서 '몰아의 순간'을 경험하는 것을, 니체는 고대 그리스인들의 건강 징표로 받아들인 바 있다. 평소의 자신을 망각하고 여러 힘에 자신을 스스로 개방하는 것. 거기서 하나의 목소리를 취하는 것. 마치 그것처럼 고흐는 테오에게 말했다. "거대한 영적 존재가 아를의 여자들처럼 말을 건다"고.

심지어 '밀밭'과 '죽음'에 대해서 언급할 때조차 고흐가 말한 것은 '자신을 살해하는 일'과는 거리가 한참 멀었다. 죽기 1년 전쯤 그는 테오에게 〈밀 베는 사람〉을 끝냈다는 소식을 전하며, 이 그림에서 "밀이 인류일 수 있다는 뜻에서 죽음의 이미지로 보인다"고 썼다. 마치 이전에 밀레 그림을 새로 해석해서 그린 〈씨 뿌리는 사람〉이 생명이라면 이 〈밀 베는 사람〉은 죽음이라는 것이다. "이 죽음이 슬프지는 않아. 태양이 금빛으로 모든 것을 적시는 환한 대낮에 벌어지는 일이니까. 그래, 이렇게 지내고 또다시 그리고 있어. 하지만 나는 굴복하지 않겠어. 다시 한 번 새 화폭에 도전해야지. 아, 나는 거의 이렇게 믿어. 다시 새로운 광채에 홀리고 있다고. … 이것은 자연이라는 위대한 책이 우리에게 말해주는 죽음의 이미지야. 그렇지만 내가 찾은 것은 이제 막 '미소 지을 듯' 피어나는 모습인데, 온통 노란색이야. 보랏빛 언덕을 빼놓으면, 엷은 노랑과 황금빛으로 가득해."

그는 수차례 발작했고, 때로는 자기 그림이 팔리지 않는다는 것(자기 그림이 인정받지 못한다는 것), 그래서 동생 테오에게 계속해서 신세를 져야 한다는 사실에 낙담하기도 했다. 그러나 적어도 그가 떠올리는 죽음의 이미지는 생명과 구분되지 않는 것이었다. 그의 그림이 계속 증언하듯 생명과 죽음은 하나의 흐름 아래서 자연스럽게 어울리는 것이지, 자기 저주와 냉소에서 생겨나는 방아쇠가 아니었다.

사람들은 소수자들의 '비정상성'을 '죽음'에 가까운 것으로 생각하는 경향이 있다. 그러나 소위 표준적인 신체를 지녔고 체제 순응적이고 통념적인 정신을 지녔다는 사실이 '건강'과 '생명'을 증언할 수 없는 것처럼, 소수자들에게 나타나는 다양한 형태의 '발작' 역시 차별과 그것에 대한 분투일지언정, 곧바로 '병약함'과 '죽음'으로 연결될 수는 없다. 내가 고흐의 그림과 편지를 보고 읽으며 느낀 것은 이것이다. 그의 발작에는 그의 죽음이 들어 있지 않다는 것.

고흐의 죽음을 해석한 글들 중 내가 유일하게 공감했던 것은 앙토냉 아르토Antonin Artaud의 것이다. 자신 역시 광기의 극작가로 불렸던 아르토는 죽기 1년 전, 고흐의 작품을 보고는 흥분하며 에세이를 썼다고 한다. 아르토는 고흐의 건강에 대해 확신하며 그 첫 문장을 이렇게 다정하게 적었다. "우리는 반 고흐의 건강한 정신에 관해 이야기할 수 있다. 그는 평생토록 단 한 번 손을 그을렸고, 남은 인생 동안 단 한 번 왼쪽 귀를 자른 것밖에는 없다." 이 두 문장에서 나는 내가 고흐에게 느꼈던 정감이 완벽하게 표현되어 있는 것을 발견했다. 아르토에 따르면, 고흐는 광기의 해악 때문에 죽은 것이 아니다. 오히려 "광기에 도달하여 그것이 무엇이고 자신은 누구인지를 막 알아차렸기에", 사회의 지배적 의식으로부터 처벌을 받았다. 그래서 아르토는 고흐에 대한 에세이의 제목을 이렇게 달았다. "사회가 자살시킨 사람, 고흐." 나는 아르토의 해석에서 '광기'라는 이름의 소수성이 '사회'라는 이름(아르토에게는 의사 가셰[Gachet]라는 인물로 전형화된 이름)의 다수성에 의해 어떻게 살해되었는지를 읽었다.

물론 앞서 말한 것처럼, 내가 역사적 사실로서 고흐의 죽음에 숨은 진실을 밝혀낼 증거를 가진 건 아니다. 하지만 해석적 사실로서 고흐의 죽음은 내게 하나의 명징함으로 다가온다. 광기로 불리든, 그 무엇으로 불리든, 소수성에는 죽음이 들어 있지 않다. 소수자들의 고통은 신체적·정신적 병약함보다는 그것들의 강력한 반란에서 온 것이 많으며(그리고 이 반란은 그 무엇보다도 '살겠다'는 강력한 표시이다), 설령 제 손으로 생명을 끊어야 할 때조차 그것은 외적 힘에 대한 굴복이고 패배일 뿐이라는 것이다. "그는 자주 발작을 일으켰고, '따라서' 죽었다"는 식의 이야기는 종종 소수자의 '발작'에 대한 사회의 '살해 위협'일 수 있다. 고흐의 발작과 죽음 사이에서 내가 떠올린 것이 그것이다.

수익모델로서
의
인간 수용소 *

2012년, 미국 역사에 대한 김택균의 강의를 들었다. 전체 강의 제목이 〈미국 역사의 뒷골목〉이었는데, 제목이 말해주듯 미국인들이 별로 기억하고 싶어 하지 않는 미국사에 관한 것이었다. 기억하고 싶지 않은 것은 개인에게도 국민에게도 있기 마련이다. 중요한 것은 그것을 대하는 태도이다. 정신분석학 이론으로는, 우리가 무의식의 저편으로 추방하고 억압해둔 기억들은 그렇게 매장된 채로만 머물지 않는다. 그것을 강하게 억압하면 억압할수록, 억압된 것은 어떤 변형을 거쳐 일상의 증상으로 더 강하게 나타나기 마련이다. 이 강의는 바로 그 점에 주목했다.

첫 강의에서는 20세기 초까지 미국에서 자행된 린칭의 역사를 다루었다. 미국인들은 신문에 큼지막한 광고까지 해가면서 수많은 흑인을 공개 처형해왔다. 대략 1세기 동안 6천에서 1만 명 정도가 공개 살해되었다고 한다. 음식까지 싸와서 그 살인 장면을 구경했던 광란을 현재의 미국인들은 기억하지 않으려고 한다. 당시 린치를 자행했던 지역들은 과거 노예제가 성행했던 주들이며, 지금은 강력한 사형제도를 유지하고 종교적으로는 다소 근본주의적 성향의 개신교가 성행하는 곳이다. 이 모든 것이 우연은 아닐 것이다. 김택균은 미국인들이 기억하기를 거부하는 이런 사례들이 현재 미국 사회가 내적으로 경험하고 있는 인종적, 제도적 폭력 문제로 어떻게 나타나고 있는지, 기억의 거부가 어떤 문제들로 지금 증상화되고 있는지 우리에게 보여주었다.

강연의 두 번째 주제는 미국의 경찰과 감옥 제도에 대한 것이었다. 미국에서 이런 제도 장치들이 어떻게 만들어졌는지 살펴보는 것도 흥미로웠지만, 내게 깊은 인상을 준 것은 최근에 일어나고 있는 어떤 경향이었다. 김택균은 미국 감옥의 현황에 대해 설명하면서 흥미로운 표현을 썼다. 그는 미국에서 '감산복합체', 즉 '감옥과 산업의 복합체prison-industrial complex'라고 부를 만한 현상이 나타나고 있다고 했다. '감산복합체'는 짐작할 수 있듯이 '군산복합체'란 말에서 따온 것이다. 군사적 이해와 산업적 이해가 결합한 이익집단(가령 군수산업체)이 강력한 로비를 통해 미국의 대외정책을 좌우한다는 것은 널리 알려진 사실이다. 그런데 '감산복합체'는 나에게 아주 다른 차원에서 철학적으로 성찰해야 할 주제를 던져주었다. 그것은 바로 인간을 가두는 것을 수익모델로 삼는 사회에 대한 물음이다.

미국은 현재 세계에서 가장 많은 수형자를 가진 사회다. 인구 대비 비율에서도 단연 세계 1위이다. 미국인들은 감옥이나 수용소 하면 러시아나 중국 혹은 이슬람 국가들을 떠올릴지 모르지만, 세계에서 가장 많은 시민을 가두고 있는 나라는 미국 자신이다. 미국 내 수형인구는 2백만 명을 훌쩍 넘어, 세계에서 가장 많은 인구를 가진 중국을 큰 차로 따돌렸고, 인구 10만 명당 수형인구수, 즉 전체 인구 대비 수형인구 비율에서도 700명이 넘어, 강권 통치자 푸틴이 통치하는 러시아의 500명을 가볍게 누르고 1위를 차지했다.

미국이 감옥에 수용한 재소자들의 수는 1980년 즈음부터 폭발적으로 상승했다. 80년 이후 미국 사회에서 갑자기 범죄가 기승을 부렸거나 어떤 혼란이 있었던 것은 아니다. 그렇게 따지면 반전시위로 들끓었던 6~70년대가 더 심했을 것이다. 도대체 무슨 일이 있었던 걸까? 미국에는 이즈음부터 이런 모양새를 취하는 통계 그래프가 제법 있다(가령 소득격차가 비약적으로 확대되는 것도 이때부터이다). 우연의 일치라고만 볼 수는 없는데, 일부 학자들은 이때가 바로 미국 사회에서 신자유주의가 본격화된 시기임에 주목한다.

신자유주의와 수형인구가 무슨 관계가 있느냐고 의아해할 수도 있지만, 신자유주의 정책의 기본 골격을 생각해보면 이해될 만한 대목이 있다. 신자유주의 정부들은 대체로 탈규제를 통한 시장의 자유화, 공적인 부문의 대규모 민영화 등을 추진한다. 다만 정부의 역할을 최소로 한정하는 고전적 자유주의 이념과 달리 신자유주의 정부는 매우 강력한 힘을 행사한다. 시장에 대한 개입은 최소화하지만, 시장을 위한 개입은 매우 강력하게 추진하는 것이다. 이때 정부가 빈번히 표방하는 것이 법치주의다. 정부가 법질서를 지키자고 말하는 게 무슨 문제일까 싶지만, 문제는 법질서에 대한 강조가 시장 자체의 실패(사회적 양극화, 빈곤층의 확대)에서 파생하는 여러 사회적 문제를 공안公安의 시각에서 해결하려고 한다는 데 있다.

그러나 여기서 80년대 이후의 강력한 수감 정책이 과연 미국 사회의 안전을 높였는지를 논하려는 것은 아니다. 내가 관심을 가진 쪽은 미국 내 수형인구의 급증과 신자유주의가 맞물리면서 어떤 일이 벌어졌느냐 하는 것이다. 수형인구가 폭증하면서 미국의 교정 시설은 크게 부족해졌다. 정부는 이 문제를 민영교도소를 세워서 해결하려고 했다. 민영교도소 설립은 공공 부문의 지출을 줄이려는 신자유주의 정부의 이념과도 잘 맞아떨어졌다. 수형자 수에 따라 민영교도소에 관리비를 주는 것이 공무원을 직접 고용해서 교도소를 관리하는 것보다 비용이 절감되니 매우 효율적으로 보였다.

게다가 민영교도소들은 수형자들과 고용 계약을 맺어 제품을 생산할 수도 있었다. 1983년에 세워져 미국 최대의 민영교도소가 된 미국교정기업CCA, Corrections Corporation of America은 1990년대 후반에는 뉴욕 증권시장에서 수익률이 가장 높은 미국 5대 기업에 3년 연속 선정

될 정도였다고 한다. 공적인 것의 민영화가 강화되면서 사회 정의의 골간인 법질서의 일부, 즉 행형집행 기능이 민영화되고 그것이 모든 것을 수익모델화하는 신자유주의 정신에 들어맞으면서 기업화된 것이다.

공적인 것의 민영화, 시장의 효율성, 모든 것을 상업화하는 정신의 극한에서 하나의 수익모델로서 '인간 수용소'가 출현한 셈이다. 나치의 아우슈비츠, 소련의 굴락에 대해서 철학자들은 많은 글을 써왔다. 그리고 권력이 인간의 실존을 어떻게 잔인하게 파괴하는지 수용소 모델을 통해서 설명하려고 해왔다. 그런데 이제 수용소가 정치적 권력이 아니라 자본의 수익과 관련 있는 산업이 되었다면, 우리는 이것을 어떻게 이해해야 할까?

앞서 군산복합체 이야기를 했다. 군사문제가 산업적 이해와 맞아떨어지면, 전쟁이 수익사업으로 변질될 수 있기 때문에 매우 큰 문제가 된다. 마찬가지로, 미국 민영교도소의 문제를 지적하는 사람들은 미국 사회에서 실형 선고가 증가하고 형량 인플레이션(중형 선고)이 나타나는 이유가 법질서 확립만이 아니라 교도소 수익과도 관련된 것 아니냐는 의혹을 보내고 있다.

너무 피해의식에 사로잡힌 게 아닌지 의심이 들 수 있다. 그러나 이런 사례를 보면 마냥 그렇게만 볼 수도 없다. 마이클 무어의 다큐멘터리 〈자본주의 – 하나의 사랑 이야기Capitalism –A Love Story〉를 보면, 2008~9년 사이 미국 사회를 떠들썩하게 했던 사건 하나가 나온다.

펜실베이니아주에 있는 루체른 카운티 법원에 소속된 두 명의 판사가 교도소 쪽에서 돈을 받은 혐의로 피소되어 결국 유죄선고를 받았다. 처음에 사건은 원천이 규명되지 않은 거액의 소득을 포착한 세무 당국의 조사에서 시작되었다. 그런데 이 과정에서 끔찍한 사실이 드러났다. 판사들은 일종의 소년 교도소인 '피에이 차일드케어PA Childcare' 설립자에게 260만 달러에 달하는 거액을 받았다. 이유는 매우 간단했다. 민영교도소인 '피에이 차일드케어'의 수익을 위해 더 많은 사람을 더 오래 머물게 해달라는 것이었다. 두 판사는 십 대의 어린아이들에게 꽤 긴 형량을 무차별 선고했다. 예컨대 한 아이는 인터넷 커뮤니티에서 자기 학교 교장을 놀렸는데, 이 때문에 1년 넘게 수감되어야 했다. 어떤 아이는 빈 건물에 들어갔다는 이유로, 또 다른 아이는 월마트에서 시디 한 장을 훔쳤다가 장기 수감되었다. 그들이 이렇게 한 이유는 너무 간단했다. 아이들이 없는 빈 감옥은 모두 비용인데 반해, 수감되는 아이들 하나하나는 모두 수익이기 때문이다.

인간이 인간을 상품으로 사고판 것의 역사는 오래되었다. 고대의 노예들은 그 인격이 통째로 팔렸다. 그들은 사실상 살아 있는 물건이었다. 근대 자본주의도 인격의 자유를 보장하지만, 일정 시간 동안 자기 생체 능력의 일부를 상품으로 판다. 그것이 바로 노동력의 상품화이다. 하지만 우리는 자본주의 정신이 극단화된 곳에서 새로운 사태를 보고 있는지도 모르겠다. 그것은 인간을 가두어두는 것,

인간의 부자유에서 어떤 수익모델을 만들어내는 것이다. 즉 수익모델로서 인간 수용소를 만들어낸 것이다. 우리는 도대체 어떻게 이해해야 할까?

우리는
시설 사회에 살고
있다 *

　　미셸 푸코는 〈타자공간에 대하여: 유토피아와 헤테로피아〉라는 글에서 어느 사회나 '타자공간espaces autres' 혹은 '헤테로토피아hétérotopies'라고 부를 수 있는 공간이 있다고 했다. 마치 왼손잡이와 오른손잡이를 바꾸는 거울처럼 사회의 공간과 배치를 비춰주면서 뭔가 뒤집혀 있는 공간이 있다는 것이다. 지금부터 내가 이야기할 장애인 수용시설(이하 '시설')도 그런 공간 중의 하나이다. 대체로 이런 공간들은 사회의 통상적인 공간과는 다른 아주 예외적이고 특별한 곳으로 취급되지만, 푸코에 따르면 이 공간들이야말로 사회 전체의 윤곽을 그려주는 곳이다.

　　어떤 사회의 예외적 공간이 그 사회의 윤곽을 보여준다는 것은 참으로 흥미로운 발상이 아닐 수 없다. 형제복지원 피해자인 한종

185

선의 증언을 담은 《살아남은 아이》를 읽었을 때 내게 떠오른 생각
도 그랬다. 이 책은 1980년대 부산에 존재했던 어떤 끔찍한 시설
에 대한 고발이지만 또한 당시 한국 사회에 대한 고발이기도 하고,
어쩌면 지금도 풀리지 않는 시설 사회에 대한 증언이라고 할 수 있
다. 형제복지원이라는 '문제의 시설'에 대한 그의 고발은 시설을 필
요로 하고 시설을 통해 작동하며 시설의 원리 위에 구축된 '시설 사
회' 일반에 대한 문제 제기이기도 하다는 말이다. 나는 그의 이야기
를 따라가면서, '시설'이란 어떤 곳인지, 왜 우리가 '문제의 시설'이
아니라 '시설 일반', 더 나아가 '시설 사회'에 대해 이야기해야 하는
지 말해보려고 한다.

　형제복지원 이야기를 읽다 보면, 시설장施設長을 정점으로 하는 절
대 권력 체제가 먼저 눈에 들어온다. 한종선의 표현을 빌리자면 그
곳은 "원장의 말 한마디에 무엇이든 이루어지는 곳"이었다. 수용자
들은 "멀리서 원장이 가까이 오면, 하던 것을 모두 중지한 채 거수
경례를 했다." 시설장만이 아니다. 모든 직위는 항상 힘의 행사와
곧바로 연결되어 있었다. "복지원 안에서 직위를 갖는다는 것은 엄
청난 일이다. 직위를 이용해서 무엇이든 할 수가 있었기" 때문이다.
시설장이 불편한 심기를 조금만 드러내도 말단에서는 어마어마한
폭력이 행사되었다.

　복지원에서는 '이유 없는' 폭력도 자주 휘둘러졌는데(어떤 때는 단순
히 날씨를 이유로, 또 어떤 때는 말 그대로 '그냥'), 이는 권력이 그 순수성이나 절

대성에 다가갈 때 드러나는 권력의 참모습이다. 권력은 절대적으로 되어갈수록 그 이유를 필요로 하지 않는다. 권력 자체가 이유이기 때문이다. 그러므로 시설에서 자의적인 폭력, 이유 없는 폭력이 행사되는 것은 권력을 확인하는 것 이상이 아니다.

어떻게 이런 '절대 권력' 내지 '순수 군림'이 만들어질 수 있을까? 그것은 권력자에게 일어난 일보다는 수용자, 즉 피해자에게 일어난 일과 관련이 있다. 시설에 수용될 때 수용자들은 사실상 모든 사회성, 다시 말해 모든 사회적 관계와 정치적 권리를 박탈당한다. 그들은 단번에 연고 없는 자, 권리 없는 자가 되는 것이다. 인간을 사회적 존재라고 말한다면, 그들은 인간을 인간이게 해주는 모든 맥락이 제거된 채 거기에 들어간다고 할 수 있다. 그 순간에 그들은 생존을 시설에 전면적으로 의탁할 수밖에 없는 하나의 단순 생명체로 축소된다. 삶의 이러한 전면적 의존이 그것을 의탁받은 체제의 절대권력을 만들어내는 것이다. 수용자들은 아무것도 할 수 없기에, 시설과 시설장은 모든 것을 할 수가 있다. 한마디로 이곳은 권력의 유토피아라고 할 수 있다.

인간을 인간으로 만들어주는 모든 맥락이 해제되므로 수용자의 삶은 동물이나 짐승의 것으로 수렴해간다. 나는 예전에 시설 수용자들의 증언 자료집을 읽은 적이 있는데, 거기서 수용자들은 자신들이 사실상 짐승으로 취급받았다고 했다. 실제로 사람을 축사에서 재우는 경우도 있었고, 사육이라고 불러도 과장되지 않을 것 같은 방식으로 사람을 감금하고 먹을 것을 개 밥그릇에 주는 곳도 있었다. 한종선의 표현을 뒤집어 말하면, 그곳은 '사람'을 '짐승'으로 전락게 한다.

그런데 앞서 말한 것처럼, 권력이 무한 증식되는 이러한 모델은 이 공간에만 적용되는 것이 아니다. 형제복지원은 박정희에서 전두환으로 이어지는 병영사회에서 권력자들의 이념형이었다고 보는 것이 옳을 것이다. 몇몇 사람들이 이미 지적한 것처럼 형제복지원은 1975년 유신 치하에서 공포된 내무부 훈령 410호에 근거해서 설립되었다. 긴급조치를 남발하고 사회 전체를 규율 잡힌 통제 공간으로 만들려던 시점에 길거리의 부랑자들에 대한 강력한 수용 조치가 이루어진 것을 우연이라고 할 수는 없다. 광주학살 이후 철권통치 체제를 구축하려 했던 전두환 정부는 '정의사회 구현'이라는 미명 아래 유신체제에 이루어진 이런 조치들을 계승하고 강화해갔다.

군사정부 시절 한국 사회는 사실상 병영사회였고, 여기에 저항하는 이들에게는 폭력과 고문, 납치와 암매장이 일어났다. 형제복지원에서 이루어진 끔찍한 폭력과 고문, 암매장 등은 당시 사회에서 일정한 제약 때문에 완전히 실현될 수 없었던, 당시 권력이 가진 욕망의 순수한 실현에 가까웠다. 즉 형제복지원은 예외적 공간이긴 했지만, 그것은 사회의 이념으로부터 일탈된 공간이라는 의미에서가 아니라 사회의 이념이 예외적으로 선명하게 구현된 공간이었다는 의미에서 그렇다.

권력만이 아니라 돈(경제)과 영혼(이데올로기)에서도, 형제복지원에서 일어난 일들은 우리 사회 전체를 비춰준다. 시설에 수용된 사람들은 사회로부터 경제적 능력을 부인 당한 사람들이며, 대체로 자립의 신념과 의지가 부족한 사람들로 간주한다. 그런데 기묘하게도 시설에서는 이들의 경제적이고 영적인 가치가 주목받는다. 시설이 확연히 보여주는 것은 권력 모델과 이윤(수익) 모델, 영적 모델이 별개가 아니라는 점이다. 국가와 자본, 교회로 대변되는 이들 영역은 그 작동 방식과 매체가 다르다고 하더라도 근간에는 상호전환 가능성이 존재한다(권력과 이윤, 이데올로기의 상호전환).

형제복지원은 사회에서 모든 경제적 수단과 능력을 박탈당했거나 부인된 존재가 시설에서 어떻게 경제적 의미를 획득하게 되는지를 보여준다. 일반 노동시장에서 수용자들은 낮은 생산성 때문에 거부되지만, 수용소에서는 보통의 경우 상상할 수 없는 노동통제와 임금착취가 가능하기 때문에 높은 수익을 낼 수 있다. 이들은 일반 노동시장에서는 취업할 수 없었지만, 형제복지원에서는 양재와 목공, 철공 작업에 배정되었고 사실상 임금을 받지 못한 채로 강제 노동을 해야 했다. 복지원은 이를 통해 상당한 수익을 올릴 수 있었다.

더욱이 사회에서는 노동 능력이 없으므로 무가치하게 평가된 신체 자체가 시설에서는 생체 상품으로서 가치를 인정받는다. 시설에 대한 정부 지원이 수용자의 숫자에 따라 이루어지므로 이들의 신체를 확보하는 것은 돈과 직결된다. 한종선에 따르면, 이런 이유로 복지원은 "어린아이건 어른이건 할 것 없이 마구잡이로 끌고 갔다."그런데 형제복지원의 경우에는 생체가 아닌 사체에서까지 가치를 발견했다. 형제복지원은 죽은 이들의 사체를 병원 실습용으로 300~500만 원에 판매했다.

이런 착취를 이데올로기적으로 합리화해준 것이 교회였다. 교회는 수용자들의 강제 수용 자체를 도덕적으로 합리화했으며(단순한 자립 의지의 박약에서 영적인 죄악까지. 교회는 수용자들에 대해 다양한 도덕적 범죄 항목을 만들었으며, 강제 수용 자체를 죄에 대한 일종의 처벌로써 옹호했다), 수용시설 안에서의 강제 규율이나 강제 노동을 마찬가지 방식으로 정당화했다. 게다가 지금도 교회는 많은 시설을 운영하고 있는데, 이 경우에 시설은 마치 교회 공간, 다시 말해서 세속과 구분되는 영적인 공간이라는 느낌을 준다. 이로써 사회로부터의 각종 규제와 간섭을 피할 수 있는 권력의 독립된 공간이 창출되는 것이다. 한종선은 "교회는 복지원 내부의 가장 높은 곳에 있었다"고 회고했다. 그것은 물론 형제복지원 내 건물들의 배치를 지칭한 말이었지만, 복지원 권력의 종교적 성격과 영적인 착취를 지칭하는 말로도 읽어낼 수 있다.

앞서 말한 것처럼, 시설은 사회로부터 격리되고 사회적 관계로부터 배제된 공간이지만 음각화의 방식으로 사회를 그대로 비추는 공간이다. 그것은 전체 사회를 대칭적으로 비추는 거울 이미지다. 따라서 사회를 이해하기 위해서는 시설을 이해하는 것이 매우 중요하다. 거울 이미지는 사회에 대한 우리 인식의 유용한 출발점일 수 있다. 그러나 잊지 말아야 할 것은 거울 이미지를 바꾸어서 사회를 바꿀 수는 없다는 것이다. 사실은, 거울에 비친 이미지를 바꾸기 위해서도 그 거울이 비추고 있는 곳을 바꾸어야 한다. 우리 사회 말이다.

1990년대, 민주화와 더불어 군사정부는 종언을 고했고 병영사회 모델도 공식적으로는 해소되었다. 정치·경제·사회의 각 영역, 특히 공식적 부문들은 제도적으로 상당 부분 자유화되고 합리화되었다. 그런데 시설 문제를 살펴보고 있으면, '시설'은 마치 민주화 과정에서 벗어난 예외 공간이었나 하는 착각이 들 정도이다. 꽤 많은 시설이 여전히 억압적이고 폐쇄적인 체제를 갖고 있기 때문이다. 이는 '시설 사회'라는 문제의식에서 볼 때 우리 사회가 크게 변한 게 아님을 보여준다. 일부 시설들은 군사정부 시절의 병영사회 모델과 그다지 달라 보이지 않는다. 아마도 '시설'은 예외적 공간이라는 생각, '시설'을 '여기'의 문제가 아니라 '거기'의 문제로 보는 시각이 그런 황당한 시설들을 이 시대에도 여전히 존속할 수 있도록 내버려두는 것인지도 모른다.

그러나 시설 문제의 근간은 지금도 남아 있는 '시대착오적인' 시설들의 문제가 아니다. 그것은 그것 자체로 끔찍한 시설이고 폐쇄

191

되어야 마땅하지만, 이런 '문제 시설들'로 '시설의 문제', 더 나아가 '시설 사회의 문제'를 가리지 않도록 주의해야 한다. 가축 축사가 세련된 요양 시설로 바뀌고, 폭력배들의 인신 납치가 사라지고, 전문가들의 판단을 빌려 시설 입소가 결정된다더라도, 누군가를 어떤 식으로든 격리하고 별도로 관리 통제해야 하는 사회는 시설 사회이다. 시설 사회란, 바로 그런 시설을 통하지 않고서는 '함께' 사는 방법이 마련되지 않은 사회라고 할 수 있다.

1987년 형제복지원이 폐쇄되었을 때, 수용자들은 모두 복지원 시설에서 나올 수 있었지만, 시설 사회 속에 그냥 버려지고 말았다. 그들은 다시 구걸로 연명해야 했고 결국 다른 '시설'에 입소해야 했다. '시설 사회'는 시설 외에 다른 대안이 없는 사회이기 때문이다. 다시 말해 부랑자든 장애인이든, 사회의 일부 구성원들을 '시설'을 통해 격리함으로써 유지되는 사회이기 때문이다. 한종선도, 그의 누이도, 그의 아버지도 모두 그렇게 다른 시설들을 전전해왔다. 한종선 자신은 기초생활 수급권에 근거해서 아슬아슬한 삶을 겨우 살아왔고, 정신병을 앓는 누이와 아버지를 시설에 둔 채로 살아가고 있다.

우리는 형제복지원의 '드러난 야만성' 때문에, 우리 사회의 '드러나지 않은 야만성'을 놓쳐서는 안 된다. 시설수용자들의 탈시설을 직접 가로막는 것은 시설장이지만, 드러나지 않게 탈시설을 막고 있는 것은 시설 사회이다. 기초생활 수급권에서부터, 이동권, 활

동보조인 제도, 탈시설을 위한 주택지원 등과 관련된 문제들이, 시설보다 더 높은 담을 쌓고 탈시설을 막고 있다. 게다가 더 장기적인 시각에서 보자면 삶의 추방과 포기, 방치 등을 통해 삶에 대한 지배력을 확장하는 권력 현상은 오히려 더욱 강화된 느낌이다. 이것이 바로 우리가 시설에 대한 문제 제기를 출발점으로 해서 시설 사회에 대한 문제 제기까지 나아가야 하는 이유가 아닐까 생각한다.

6 장

야 만 인 이
우 리 를 구 한 다

당신의 놀람
과
나의 놀람 *

2010년 11월 10일, 런던의 트라
팔가_{Trafalgar} 광장에 5만 명이 넘는 학생들이 뛰쳐나와 등록금 인상
에 반대하는 시위를 벌였다. 당국은 물론이고 주최 측도 예측할 수
없었던, 심지어 지난 수십 년간 영국에서 그 유례를 찾기 힘든 규모
의 시위였다. 광장에 나온 학생들은 곳곳으로 행진해서 몇몇 건물
을 점거하기도 했다. 운동가들은 집권 보수당의 건물 옥상에 올라
가서 플래카드를 펼치기도 했다. 그중에는 휠체어를 탄 젊은이도
있었다.

시위가 특별한 지도부도 없이 이곳저곳으로 번져나가자 당국은
시위를 무책임한 '난동'으로 몰아갔다. 경찰은 강경 진압에 나섰고
토끼몰이하듯 시위대를 몰아서 9시간 넘게 길거리에 가두어 놓기

도 했다. 하지만 이때부터 학생들은 한 달 내내 대학 강의실을 비롯한 곳곳을 점거했고 블로그, 트윗, 페이스북을 하며 서로의 분노와 아이디어를 엮어갔다. 12월 9일, 등록금 인상과 관련된 의회 표결이 이루어진 날에 시위는 절정에 달했다. 경찰은 삼엄한 경계를 폈지만 수많은 학생이 의회 광장에 모여들었다.

이번 이야기의 주인공 조디 매킨타이어^{Jody McIntyre}도 그 광장에 있었다. 조디는 11월 10일 보수당 건물 옥상에 휠체어를 타고 나타났던 바로 그 사람이었다. 그는 12월 9일 시위대의 풍경을 이렇게 묘사했다. "여기 있는 사람들은 때가 되면 나오는 그런 '전쟁 반대' 시위자들이 아니었습니다. 불과 몇 주 전만 해도 시위라고는 참석해본 적도 없는 열네다섯 살 정도 돼 보이는 그런 사람들도 많았어요. 이 젊은이들의 마음에는 아무런 장벽도 존재하지 않았으며, 모두가 자신들의 목소리를 내려고, 그 목소리가 들리게 하려고 나온 겁니다."

조디는 휠체어를 굴리며 동생과 함께 광장에 섰다가 점차 시위대 앞쪽으로 나아갔다. 그런데 갑자기 경찰들이 곤봉을 휘두르며 시위대를 공격했다. 조디의 표현을 빌리면, 많은 사람들이 '소나기처럼 퍼붓는' 경찰의 곤봉에 두들겨 맞았다. 그리고 네 명의 경관이 조디의 어깨를 잡더니 휠체어에서 길바닥으로 내동댕이치고는 끌고 갔다. 동생과 친구들 역시 구타당하면서 다른 쪽으로 끌려갔다. 얼마간의 폭행이 이어진 후 경찰들은 그들을 놔둔 채 사라졌고 동생과 동료들을 만난 조디는 놀랍게도(!) 다시 의회 광장으로 나아 갔다. 거기에는 폭동진압 경찰이 있었다. 휠체어를 타고 그들을 뚫고 나가던 조디는 폭동진압 경찰과 기마 경찰 사이에 자신과 동생이 서 있음을 깨달았다. 그런데 앞서 자신을 끌어내리고 폭행을 했던 경관 중 한 명이 그를 보고는 다시 다가왔다. 경찰은 휠체어를 기울여 그를 바닥으로 내리꽂더니 다시 인도까지 끌고 갔다. 그 순간, 그는 의식을 잃어버렸다. 사람들은 경찰에 소리를 지르며 항의 했다.

누군가 이 일을 찍어 인터넷에 올렸고, 이는 영국 사회의 큰 논쟁거리가 되었다. 하지만 내가 놀랐던 것은 경찰의 폭력도, 거기에 대한 대중의 반응도 아니었다. 나를 깜짝 놀라게 한 것은 조디의 답변이었다. "그 사건에서 사람들이 정말로 물어야 했던 것은 왜 그 경관이 나를 휠체어에서 끌어냈는가가 아니라, 왜 사람들이 그것에 그렇게 놀랐느냐는 겁니다. 생각해보세요. 정말로 내가 당한 일이, (그날 벌어졌던) 바닥에 누워있던 열다섯 살 소녀의 배를 걷어차는 것보다, 아니면 학생들의 머리를 난타해서 응급실로 보내는 것보다, 그러니까 하마터면 뇌출혈로 죽을 뻔했던 그들의 경우보다 더 끔찍한 일이었습니까?"

그는 이어서 이렇게 말했다. "그날 경찰이 보인 행동은 그렇게 놀라운 게 아닙니다. 정부를 지키는 게 그들의 일이죠. 11월 30일에 우리가 본 학생 시위에서는 수천 명의 학생이 경찰의 허가도 받지 않고 런던 중심부를 관통했습니다. 그러면서도 폭력을 전혀 사용하지 않았지요. 그런 시위보다 이 정부에 더 위협적인 일은 없습니다. 그런 시위가 이 정부에 직접적 위협이 되었고 결국 그들은 거기에 대처하기 위해 경찰을 보낸 것뿐이죠."

참 쿨한 답변이었다. '그는 진짜 장애인이 아닐지 모른다'거나 '왜 하필 위험한 곳에 갔느냐'는 식의 보수 언론의 공격에도 조디는 마찬가지로 쿨하게 답했다. 요컨대 그는 해당 언론들이 경찰과 다를 바 없는 집권세력의 수호자들이기에, 그들에게 자신을 정당하게 다루라고 요청할 생각이 없다고 했다. 경찰과 언론을 상대로 법정 싸움을 하는 것과는 별개로, 그는 경찰과 언론의 폭력이 그다지 새삼스러운 게 아니라는 듯 대했다. 오히려 인터뷰할 때마다 그는 인터뷰어에게 묻곤 했다. "왜 당신은 내가 당한 일에 그렇게 놀랍니까? 왜 영국의 대중은 이런 사건에 놀라는 거죠? 내게 일어난 일보다 더 놀라운 것은 내 일에 놀라는 바로 당신들입니다."

조디의 맘속을 알 수는 없지만, 이번 일에 대한 시민들의 분노를 문제 삼는다면 두 측면이 있을 것 같다. 첫째, 어떤 점에서 보면 장애인의 삶에서 폭력은 특별하지 않다(특히 한국과 같은 사회에서). 당신이 장애인을 휠체어에서 밀쳐낸 폭력을 보고 경악했다면 당신은 그동안 장애인들이 어떻게 살아왔는지 보지 않은 사람일지도 모른다. 왜냐하면, 폭력에 대해 이 정도의 감수성을 가졌다면 당신은 틀림없이 장애인들이 일상적으로 겪고 있는 더 끔찍한 폭력들에 대해 엄청나게 분노했을 것이기 때문이다. 오늘 당신이 보여준 분노는 어제까지 당신이 보여준 침묵을 도무지 이해할 수 없게 한다.

둘째, 장애인의 일을 '특별히' 안타까워해 주는 사람들의 분노는 장애인이 제기하는 문제가 장애인만의 문제가 아니라 사회 일반의 문제라는 걸 가려버린다. 장애인에게 행사된 폭력은 장애인에게만 해당하는 특수폭력이 아니라 사회적으로 행사되는 일반적 폭력의 일단이라는 걸 알아야 한다. 조디는 "길바닥에 끌려간 내 일에는 그렇게 크게 분노하면서, 머리가 깨져서 응급실에 가는 학생들에게 언론은 왜 주목하지 않느냐"고 물었다. 그의 싸움은 장애인만의 특별한 이익과 관심을 요구하는 싸움이 아니라 사회 일반의 해방을 위한 싸움이다.

조디에게는 아마도 이 두 번째 측면이 중요했던 것 같다. 그가 어느 기자에게 털어놓았듯이 그에게도 "휠체어에서 끌려나간 것은 아주 굴욕적인" 일이었다. 그것은 잔인한 폭력이다. 하지만 그는 엄연한 운동가였다. 어쩌다 시위 현장에서 재수 없게 폭력을 당한 사람이 아니라 거기에 정면으로 걸어 들어간 사람이었다는 것이다. 그는 자신이 팔레스타인에 갔을 때의 경험을 들려주었다. "이스라엘 병사들이 밤마다 마을을 공격했어요. 실탄을 쏘면서요. 그에 비하면 런던의 경관이 저지른 행동은 내게 겁을 줄 수 있는 게 못 됩니다." 그는 고등학교를 마치자마자 열여덟의 나이에 남미에 갔다고 한다. 체 게바라의 삶에 감동했기 때문이다. 거기서 3개월을 머문 뒤 전운이 감도는 팔레스타인에 들어갔고, 운동을 벌인 사람이다.

"왜 그렇게 사람들이 놀라는 거죠? 내가 보기에 사람들은 시위에서 경찰이 하는 역할을 몰랐던 것처럼, 인생 내내 잠들어 있었던 것처럼 보여요." 사람들은 '장애인' 조디를 걱정하고 '장애인'에 대한 경찰의 폭력을 비난했지만, 사실 그는 전체 대중의 일반적 이해를 위해 나선 투사이다. 그는 다양한 의제들에 개입하면서 여러 시위에 참여해왔다. 그의 블로그 〈휠체어 위의 삶Life on Wheels〉의 부제는 한때 "혁명을 향해 걷는 한 사람의 여정One man's journey on the path to revolution"이었다(지금은 "권력은 거기 맞서 요구하지 않으면 아무것도 양보하지 않는다 [Power concedes nothing without demand]"는 말이 부제로 적혀 있다).

가장 선두에서 가장 보편적인 요구를 담아 투쟁하는 사람에게 연민을 보이는 것은 일종의 모욕이다. 지금 그는 싸우고 있다. '장애인'에게 어떻게 그런 폭력을 쓰느냐고 경찰을 향해 분노하는 사람들에게 조디가 의아해하는 이유가 여기 있을 것이다. 조디는 그들에게 놀라는 이유가 뭐냐고 묻는 것 같다. 시위대가 대중의 삶을 파탄 낸 집권 세력과 싸우는 게 이상한 건지, 아니면 그 집권 세력이 보낸 경찰이 시위대를 진압하는 게 이상한 건지, 둘 사이에 충돌이 발생한 게 이상한 건지. 아니면, 정말 그것이 아니면, 시위 중인 한 운동가가, 사회의 변혁을 원하는 한 명의 투사가 휠체어를 타고 있는 게 이상한 건지.

저항하는
존재는 말소되지
않는다
*

　　　　　　　　　　　2012년 3월 말, 재일조선인 2세
김임만 감독이 '인디다큐페스티벌'의 초청을 받아 한국을 찾았다.
그가 들고 온 작품은 〈가마가사키 권리 찾기〉다. 가마가사키는 일
본 오사카에 있는 일용직 노동자 밀집지역이다.

　2007년에 3천여 명의 노동자와 노숙자들이 가마가사키에 있는
한 건물에 전입신고를 했다. 이는 주소지 확정이 행정적으로 필요
했던 관청의 안내에 따라 이루어진 일이다. 그런데 선거 즈음 한 언
론에서 이 문제를 제기하자 시 당국은 이들의 신고 주소가 실거주
지가 아니라는 이유로 전입을 모두 취소해버렸다. 이 때문에 해당
노동자들은 투표권을 잃었다. 그뿐만 아니라 주소지 주민등록을 기
반으로 한 각종 면허가 취소될 처지에 놓였다. 더욱이 새 주소지로

전입한 후 일정 기간이 지나면 이전 주소지의 기록이 폐기되는데, 새로운 전입은 취소되고 과거 기록은 남지 않아 주민으로서의 등록 자체가 말소된 사람들도 생겨났다. 이들은 자연적으로는 분명 살아 있지만 법적으로는 없는 사람들, 말 그대로 말소된 존재가 되어 버렸다. 김임만 감독은 2007년부터 2009년까지 계속된 이들의 투쟁을 다큐멘터리로 담았다.

더욱 쓸쓸했던 것은 후쿠시마 원전사태가 일어났을 때, 아무도 접근할 수 없었던 발전소에 이들이 투입되었다는 사실이다. 일당을 높이 쳐준다는 말로 꾀어(그 일당의 대부분도 인력을 중계한 회사들이 가져가 버렸지만) 피폭 위험도 제대로 알리지 않은 채 이들을 방사능 피폭 현장에 투입한 것이다. 주민등록 시스템으로부터 추방된 이들이 죽음의 방사능 폐기물 처리를 떠맡는 장면은 정말 많은 것을 생각하게 한다. 김임만 감독은 보이지 않은 곳으로 추방된 이들과 이들의 저항을 기막히게 잘 담아냈다.

그와 나는 친분을 쌓아 왔다. 내가 일본어를 못하고 그가 한국어에 서툴기에 많은 대화를 나누지는 못했지만 지난 몇 년간 수차례 만났다. 나는 아직도 처음 만났을 때 그가 했던 말을 기억한다. 어떻게 해서 다큐멘터리를 찍게 되었느냐는 물음에 그는 서툰 한국어로 단호하게 말했다. "보이지 않는 것을 보이게 만들고 싶었기 때문입니다." 그래서인지 그는 사람들이 사회 시스템의 저편, 기억의 저편에 보내버리는 어떤 것을 집요하게 끌어낸다. 이번 작품에서도 그런 정신을 볼 수 있었다.

그는 '가마가사키 노동자들의 권리 찾기'뿐 아니라 자기 자신의 '권리 찾기' 이야기도 만들었다. 〈가마가사키 권리 찾기〉 상영이 끝난 후, 자신이 일본에서 벌이고 있는 '이름 투쟁'에 대한 말을 꺼냈다. 그는 '본명' 쓰기와 관련된 소송을 진행하고 있었다. 그도 가마가사키의 한 건설회사에서 일용직으로 일했는데, 어느 날 자신의 작업용 헬멧에 '본명'이 아닌 '통명'(일본식 이름)이 붙어 있음을 발견했다고 한다. 본명을 적은 스티커는 바닥에 버려져 있었다. 그는 그 버려진 스티커를 주머니에 넣고는 이 싸움을 시작했다.

그의 본명은 '김임만'이다. 재일조선인 2세로 태어난 그는 어렸을 때 자기 이름을 어떻게 읽는지도 몰랐다고 했다. "본명을 알게 되면서 자기가 누구인지 발견해가는 겁니다. 그런데 이런 과정을 겪어도 환경이 바뀌면 다시 처음으로 돌아가 버리지요. 초등·중등·고등학교에서 본명 선언을 열심히 해도, 결국 취직이라든가 결혼이라든가 이런 문제들 때문에 본명 선언을 부정하고 말지요." 이름을 어떻게 쓸지는 각자가 정하겠지만, 그 이름 때문에 가령 취업이나 결혼이 어렵다면 거기에는 억압이 존재한다고 할 수 있다. 그런데 변호사나 의사 등 전문 직종이 아니면 재일조선인이 본명으로 취업해서 사회생활을 하는 경우는 드물다고 한다.

물론 일본의 법조문에는 일본식 이름을 써야 한다는 조항이 없다. 누구나 자기 마음대로 이름을 지을 수 있다. 오사카 지방법원의

1심 선고는 그것에만 신경을 썼다. 통명에 대한 강요가 있다는 점을 법원은 인정하지 않았다. 흥미로운 것은 김임만 감독의 부모가 보여준 태도이다. 올해로 83세가 넘은 아버지는 이번 소송에 반대했을 뿐만 아니라, 평소 '일본인은 일류이고 조선인은 삼류'라는 말을 해왔다고 한다. 그의 어머니 역시 제주에서 온 분이지만 종종 자신이 일본에서 태어났다고 말한다고 했다. 하지만 매우 보수적이고 완고한 아버지가, 그것도 통명만을 쓰며 '조선인은 삼류'라고 거침없이 말하는 아버지가, 놀랍게도 당신이 묻힐 묘비에는 본명을 썼다고 한다. 그는 재판부가 이해하지 못하는 것이 바로 이것이고, 자신이 전달하고 싶은 점 또한 이것이라고 했다.

철학자 한나 아렌트는 나치에 쫓긴 유대인들이 프랑스에 들어갔을 때, 프랑스인들 앞에서 했던 연설을 잊을 수 없다고 했다. 그 유대인들은 이렇게 말했다. "우리는 독일에서 지금까지 훌륭한 독일인이었습니다. 이제 프랑스에 왔으니 우리는 훌륭한 프랑스인이 될 수 있을 겁니다." 이 장면을 언급하며 아렌트는 이렇게 덧붙였다. "난민들은 원리상 무엇에도, 그리고 누구에게도 적응한다."

소수자들의 극단적 보수성이나 애국주의는 이런 이면을 갖고 있을 때가 많다. 소수자들은 많은 경우에 사회에서 식별되지 않도록 자신을 스스로 말소한다. 그리고 다수자들의 목소리를 제 것인 양 그 누구보다 열심히 내려고 한다. 그런데 이러한 자기 말소는 정반대의 사실을 덮고 있다. 다수자가 자행하는 말소의 폭력 아래서 자신을 지키기 위해 역으로 자신을 말소하는 것이다. 그러므로 소수자의 자기 말소는 다수자의 소수자 말소에 대한 고발이다. 김임만 감독의 부모도 평생 그렇게 자신들을 지워갔을 것이다. 김임만 감독은 아마도 그 점을 일본 사회에 제기하려 했던 것이리라. 그는 묘비명에 본명을 쓰는 아버지를 떠올리며 이렇게 말했다. "죽지 않으면 본명으로 돌아갈 수 없는 것일까요?"

'이름'을 둘러싼 그의 싸움은 일본강점기 '창씨개명'을 떠올리게 하고 실제로 식민주의의 유산이 현재 일본에서 작동하는 양상을 보여준다. 그러나 우리는 그의 싸움을 한국인의 뿌리를 잊지 않으려는 민족주의적 행동으로 이해해서는 안 될 것이다. 그가 잘 알고 있듯이 이 싸움은 일본 내 베트남인들의 문제이기도 하고 중국인들의 문제이기도 하기 때문이다. 일본과 한국이라는 국가적 구도에서는 오히려 이 문제가 은폐되기에 십상이다. 그의 싸움은 훨씬 더 일반적인 맥락에서 '소수자와 역사', '소수자와 국가'의 문제를 제기하고 있다.

따지고 보면 재일조선인의 역사는 대한민국의 역사보다 오래되었다. 재일조선인들은 개별적으로 국적 신청을 하거나 귀화한 경우가 아니라면 한국 국적도 일본 국적도 갖고 있지 않다. 재일조선인들의 국가는 엄밀히 말하면 존재하지 않는다. 그들이 증언하는 것은 '국가'가 아니라 '국가의 상실'이다. 그들은 한편으로 나라를 강탈했던 일본 식민주의의 역사를 현재 시제로 증언하면서, 다른 한편으로는 국가에 소속되지 않은 채 국가 안에서 살아가는 '비국민의 삶'을 증언한다. 그러므로 그의 싸움은 일본 제국주의 아래서 피식민의 경험을 했던 한국인들만큼이나, 현재 한국 사회에서 비한국인으로서 살아가고 있는 미등록 이주자들과 공명한다. 그리고 더 일반적으로는 자기 말소를 통해서만 생존을 이어가는 모든 소수자와 공명한다.

법원의 1심 판결 후 그는 재일조선인으로서 1970년에 이름 문제에 대한 소송을 제기했던 '최창화'라는 사람의 이름을 언급했다. 그리고 자신은 그의 의지를 이어받겠다고 했다. 그는 역사의 기억에서 끊임없이 지워지는 이름, 누군가 계속해서 써넣지 않으면 망각되고 말 그 이름을 다시 살려내고 다음 세대에 전달하려고 한다. 그러고 보니 일용직 노동자들의 주민등록 말소 사건에서부터, 재일조선인에 대한 역사적 말소에 이르기까지 그는 일관되게 저항하고 있다. 그는 추방되고 말소되는 것들을 집요하게 끄집어내 놓는다. "그들은 보지 않습니다. 그리고 보이지 않게 되면 이제 더는 생각하지도 않게 됩니다."

어느 게이 활동가의
정치적
장례식 *

정신분석학자 지그문트 프로이트의 글 중에 〈애도와 우울증Trauer und Melancholie〉이라는 논문이 있다. 애도라고 옮긴 독일어 'Trauer'는 우리가 사랑하는 사람이나 대상(어떤 물건이나 동물일 수도 있고 조국이나 자유처럼 추상적일 수도 있다)을 잃고서 느끼는 슬픈 감정이다. 누구나 느끼듯 우리는 사랑하는 대상을 잃었을 때 쉽게 그 사실을 인정하려 들지 않는다. 정신분석학적으로 말하자면, 어떤 대상에 투여한 리비도libido를, 그 대상을 잃고 난 뒤에도 좀처럼 철회하지 않는 것이다. 심할 때 어떤 환각을 통해 그 대상이 여전히 눈앞에 있는 듯 매달리기도 한다. 한마디로, 우리는 사랑하는 이를 그렇게 쉽게 보내지 않는다.

하지만 대개의 경우 현실은 '사랑하던 그'가 존재하지 않음을 일깨워주는 다양한 경험을 제공한다. 그가 있었다면 일어났을 일들이 더는 일어나지 않거나 그가 있었기에 벌어지지 않았던 일들이 새롭게 나타나면서, 우리는 그가 떠난 현실을 점차 인정하게 된다. 프로이트의 표현을 빌리자면, 우리는 '현실의 시험'을 받고 점차 '현실을 승인'하게 된다. 프로이트는 이것이 단번에 성취되지 않는, 시간이 오래 걸리는 일이라고 말한다. 사라져버린 '그'에게 붙어 있던 기억 하나하나, 소망 하나하나를 꺼내고 거기서 리비도를 분리할 수 있을 때에야 비로소 현실을 승인하고 정상적인 생활로 돌아올 수 있다.

정신분석학에 정통하지 않아도 사랑하는 이를 잃었던 사람들은 이 말을 어렵지 않게 수긍할 수 있다. 하지만 어떤 이들에게는 이 이야기가 조금 어긋난다. 나는 성매매 여성들의 생활공동체인 막달레나 공동체를 방문한 적이 있다. 거기에는 지하에 기도실이 있는데 몇몇 영정 사진들이 모셔져 있다. 그때 공동체 대표를 맡고 있던 이옥정 선생에게 좀처럼 잊기 힘든 그들의 슬픈 장례식 이야기를 들었다. 가족들조차 찾아오지 않는 장례식, 주먹을 휘두르던 '어깨'가 관을 들고 '포주'가 곡을 했던 그 슬픈 장례식 말이다. 성매매 집결지에서 함께 엉켜서 살았던 이들은 떠나간 이들을 기도실 사진 속에 모셔두었다.

프로이트의 〈애도와 우울증〉을 읽으면서 그들이 떠올랐다. 그 방에서 이루어지는 애도란 무엇일까? 가족조차 인정하기를 꺼리는 사람들에게, 자기 처지와 다를 바 없는 사랑하는 이의 죽음은 어떻게 받아들여질까? 프로이트는 현실의 시험을 거쳐 자아가 다시 '정상'으로 복귀하고 자유를 회복하는 것처럼 묘사했지만, 그들의 장례식은 어땠을까? 그들은 자유를 다시 얻고 새로운 사랑의 대상을 찾아 나설 수 있었을까?

우리가 종종 '소수자'라고 부르는 이들의 '애도' 과정은 프로이트가 생각했던 것과 불화를 일으킨다. 프로이트는 현실을 받아들이고 정상화되는 과정에 대해 묘사했지만, 소수자들에게는 현실을 승인하는 과정이 '정상'으로 돌아가는 과정이 아니다. 성매매 여성은 물론이고 다양한 성적 소수자, 장애인 등에게 현실로 복귀하는 과정, 다시 말해 '정상화'되는 과정은 다시 '비정상화'의 과정이기도 하기 때문이다. 현실에 대한 복종은 '비정상인'으로서 자기를 승인하는 과정과 겹쳐진다. 이 과정은 또한 '비정상인'으로서 자신을 비하하고 자존감을 상실하는 것으로 이어질 수도 있다.

프로이트는 애도와 우울증을 구분하며 우울증은 '떠나간 대상'을 자기 자신과 동일시할 때 일어난다고 했다. 그래서 떠나간 대상에 대한 원망을 자기에 대한 원망으로 바꾸게 되고("내가 못나서"), 결국 자기애의 상실로 이어진다고 했다. 이 경우 현실감이 사라지는 것은 물론이고 극단적인 무기력증이 찾아온다. 소수자들의 경우에는 여기에 약간의 어긋남이 있다. 프로이트가 말하듯 떠나간 '대상'과 '나'를 동일시하긴 하지만, '떠나간 대상'을 원망하기보다 '그렇

게' 떠나갈 자기 운명을 미리 본다고 해야 할지도 모르겠다. 그래서
'그는 죽었고 나는 살아있다'는 거리감보다는 '나 역시 그처럼 죽
을 것이다'는 동질감이 크고, 단순히 '떠났다'는 사실보다는 '그런
모습으로' '그렇게 힘들게 살다가' 떠났다는 사실에 더 크게 반응한
다. 떠나간 대상과 거리감이 없으니 대상에 투여된 리비도를 좀처
럼 회수할 수가 없다. '그렇게' 살다 죽는 것이 사실은 내 운명일 수
있다는 걸 느끼기 때문이다. 대상의 죽음을 인정하고 '현실의 나',
'살아 있는 나'로 돌아와야 하지만, 나는 그 현실 속에서 '산송장'으
로 살아갈 것임을 예감한다. 결국 현실의 승인과 현실로의 복귀가
정상으로의 복귀가 아니라 비정상으로의 복귀가 되는 것이다. 현실
을 받아들이는 것은 자기를 비정상인으로 취급하는 그 질서를 승
인하는 것이기에 결국 자기 자신을 비정상인으로서 단죄하는 과정
과 다를 바 없다. 당연히 자기 비하가 일어나기 쉽다. 회복의 과정
이 무력화의 과정인 셈이다. 난 중증장애인 친구로부터 어느 장례
식에 갔다가 '그냥' 화가 나고, '그냥' 눈물이 나고, '그냥' 통증에 시
달렸다는 말을 들은 적이 있다.

　고소 이와사부로의 《뉴욕열전》에서도 비슷한 장례식이 언급된
것을 보았다. 거기에는 데이비드 보이나로비치David Wajnarowicz가 동료
게이들의 장례식에서 느낀 슬픔과 분노가 인용되어 있었다. "과거
5년간 몇몇 장례식에 참석했지만, 마지막에 가본 장례식에서 분노
에 가까운 감정이 솟아오르는 것을 경험했다. 장례식의 중간쯤, 문

득 얼마 전 장례식에서 보았던 사람들이 이번 장례식에도 참석했다는 것을 깨닫게 되었다. 나를 화나게 했던 것은 이 추도식이 바깥세상에 대해서는 아무런 반향도 일으키지 못한다는 사실이었다. 손을 닦는 핸디와이프의 상업 광고가 사회에 더 큰 영향을 미쳤다. 나는 분노를 억누르지 못하고 소리를 질러댈 것 같아서 자리에서 벌떡 일어나버렸다. … 문득 나는 이런 상상을 해봤다. 연인이나 친구, 그리고 그 밖의 사람들이 이런 병으로 죽을 때마다 연인과 친구, 그리고 이웃들이 차에 시체를 쌓고서, 시속 100마일로 워싱턴으로 가 백악관 문을 부수고, 현관 앞에서 목이 째져라 소리를 지르고 입구에 시체를 던져 버리면 어떨까 하고."

1980년대 중반 소위 '에이즈 위기'가 뉴욕을 덮쳤을 때 엄청나게 많은 이가 죽어 나갔다. 그리고 동성애자들이 문제 집단으로 낙인찍혔다. 동성애자들은 잠재적 바이러스 보균자로 분류되었고 이들에 대한 폭행이 곳곳에서 일어났다. 나라 전체가 '에이즈'에 대한 우려와 치료 대책을 내놓았지만, 누구도 가장 많은 장례식을 치르고 가장 큰 공포와 슬픔에 빠져 있던 동성애자들을 걱정하고 우려하지 않았다. 심지어는 동성애자들 스스로 죄책감에 빠져 자기 삶을 부인하는 일마저 일어났다. 사회의 집단적 비난 속에서 하루가 멀다고 죽어가는 연인들을 속수무책으로 보고만 있던 때에 '애도'를 중단하고 '조직해서 싸우자'는 에이즈 활동가들이 나타났다. 연인들의 죽음 앞에서 속울음만 쏟을 것이 아니라 부당한 현실과 맞서 싸우자는 것이다. 애도가 끝나면 부당한 현실로 말없이 돌아가는 프로이트적 경로를 우려했던 것일까?

이런 와중에 기념비적인 운동이 일어났다. 애도를 접고 현실로 복귀하는 것도 아니고, 애도에 반대하며 투쟁하는 것도 아닌, 애도 속에서 투쟁을 발견한 것이다. 앞서 보이나로비치는 동료의 장례식장에서 뛰쳐나와 자신들의 죽음을 외면하는(또한 그만큼 자신들의 삶을 외면하는) 백악관 앞에 죽은 연인들의 시체를 던지고 소리를 질러대는 상상을 했었다. 그런데 1992년 그가 죽었을 때 그 일이 실제로 일어났다. 8천 명이나 되는 사람들이 저마다 죽은 친구나 가족의 재를 들고 와서 백악관 잔디밭에 던졌다. 이것이 에이즈 운동가들에게 잘 알려진 '정치적 장례식political funeral' 투쟁이다. 그들은 '그냥' 아프고 '그냥' 화가 나고 '그냥' 소리를 질러대고 싶은 그 슬픔의 정서, 애도의 정서를 포기하지 않았다. 언어화되지 않고 법제화되지 않고 정치적으로 대표되지 않은 그 감정들을 무시하기는커녕 거기서 언어를 넘고, 법을 넘고, 제도를 넘고, 대표를 넘어서는 힘을 발견한 것이다. 아픔과 분노, 답답함, 먹먹함. 이 모든 정서들을 조직의 이성적 언어로 바꿔버리는 대신, 그 정서들에 귀 기울이고 그것들을 돌보면서, 때로는 그것을 쏟아내면서, 서로 많은 것을 나누고 증여하는 공동의 삶을 개발해냈다. 게이와 레즈비언들은 연인들을 간호하고 그들의 삶을 돌보는 자발적 공동체들을 스스로 만들어냈다.

사실 이것은 내가 막달레나 공동체를 갔을 때도 느낀 것이었다. 그들은 아픔, 슬픔, 분노, 답답함을 껴안은 채로, 서로의 울음을 충분히 들어준 채로, 지하실 한편에 애도의 공간을 둔 채로, 새로운 삶을 발명하려고 노력했다. 그것은 정말 중요한 시도이다. 우리는 사랑하는 이의 상실을 인정하지 않으려는 애도의 비현실적 고집을 병적이라고 비난하는 대신, 그리고 그들에게 현실로 복귀하라고 말하는 대신, 그 비현실적 고집에서 나온 상상을 현실을 넘어서는 힘으로 만들 필요가 있다. 죽은 이가 떠난 현실을 산송장처럼 살아야 하는 소수자들에게는, 현실을 넘어서 상상하고 그 상상을 현실화하는 것이야말로 정말 중요하다. 보이나로비치가 애도의 순간에 떠올린 비현실적 상상을 현실화시킨 활동가들을 보라. 애도란 그렇게 하는 것이다.

216

한국인이
아니라고 할 수 없는
사람
*

아펠레스^{Apelles}는 기원전 4세기쯤
에 살았다고 하는 그리스의 화가다. 현재 남아 있는 작품은 없지만,
고대의 부흥을 새롭게 시도했던 르네상스기 작가들에게는 중요한
참조 대상이 되었다. 가령 15세기 화가 보티첼리^{Botticelli}는 〈비너스의
탄생〉이나 〈아펠레스의 '비방'〉 등을 통해 아펠레스와 관계된 어떤
이야기, 그의 그림이 남긴 흔적을 우리에게 전해준다. 프로토게네
스^{Protogenes} 역시 아펠레스와 동시대의 유명한 화가였다고 한다. 그
는 아름답고 섬세한 윤곽선으로 당대 최고의 화가라는 명성을 얻
었다.

전언에 따르면, 아펠레스와 프로토게네스 사이에는 전설적인 대
결이 있었다고 한다. 섬세한 윤곽선을 그리기로 유명했던 프로토

게네스의 명성에 아펠레스가 도전한 것이다. 먼저, 프로토게네스가 인간의 붓으로는 더는 가늘게 그릴 수 없는 선을 그었다. 그런데 아펠레스는 붓을 들고서 프로토게네스의 선 위에다가 그것을 반으로 가르는 더 가는 선을 그려 넣었다. 선을 가르는 선. 후세 사람들은 선의 중심을 다시 갈랐던 이 전설적인 분할을 '아펠레스의 절단'이라고 불렀다.

내가 이제 하려는 이야기는 성서의 어느 구절에 대한 것이다. 사실을 말하자면, 성서의 어느 구절에 대한 이탈리아 철학자 조르조 아감벤Giorgio Agamben의 해석을 보고 몇 년 전 이 나라에서 쫓겨난 한 친구가 생각나서 글을 쓴다. 그 구절이란, 무언가를 가르는 선을 다시 갈라서 애초의 분할선이 작동하지 못하게 만든 또 다른 분할선에 대한 이야기이다.

잘 알려진 것처럼, 성서에서 사도 바울은 '영에 의한 유대인'이란 표현을 써서 유대인을 나눈다. 바울은 서기 1~5년 사이에 태어났다. 우리가 사용하는 달력이 예수의 생애와 함께 시작된 걸 생각하면, 바울은 예수의 동시대인인 셈이다. 그는 예수의 사도이지만 예수를 직접 만난 적은 없다. 다만, 예수의 처형 이후 3~4년이 흐른 뒤에, 다마스쿠스로 가던 바울은 예수의 부활을 확신케 하는 '내면의 사건'을 체험하면서 기독교로 개종했다. 자기 내면에서 일어난 일로 충분했기에 그는 예수를 개인적으로 알던 역사적 사도들을 찾아 예루살렘으로 갈 필요가 없었다. 같은 맥락에서, 그는 눈에 보이는 특징들, 제도를 떠받치던 관습들이 기독교인이 되는 데 결정적이 아니라는 것도 깨달았다. 자신은 유대인이었지만 기독교를 비유대인들, 다시 말해 할례를 받지 않은 이들에게 전할 수 있었던 것도 그때의 깨달음 덕분이었던 것 같다.

바울은 기독교를 유대인이라는 특정한 민족의 전통과 율법에서 해방하는 데 결정적인 역할을 했다. 그것을 나타내는 상징적인 문구가 바로 '영에 의한 유대인'이다. "유대인으로 태어났다고 해서 참 유대인이 아니며 육체에 할례를 받았다고 해서 참 할례가 아닙니다. 오히려 마음에 참된 변화를 받은 사람이라야 참 유대인이며 기록된 율법이 아닌 성령님에 의한 마음의 할례가 진정한 할례입니다."(로마서 2장 28~29절).

앞서 말한 것처럼, 이 구절은 유대인과 이방인을 나누지 않고 모든 이에게 복음을 전하는 보편주의의 선언으로 받아들여진다. 믿음만 갖는다면 신체적 특징과 상관없이 모두 선택받은 민족, 즉 유대인이 될 수 있다는 보편적인 평등 사상이 녹아 있다. 이에 대해 조르조 아감벤은 독특한 해석을 내놓았다.《남겨진 시간》이라는 책에서 그는 이 구절이 어떤 분할에도 불구하고 남을 수밖에 없는 어떤 잔여물에 대한 것이라고 말한다. 이게 무슨 말일까?

바울의 말에서 우리는 깔끔하게 정리되지 않는 존재를 발견하게 된다. 먼저 '할례'로 상징되는 육체적 특징에 의해 우리는 '유대인'과 '비유대인'을 나눌 수 있다. 여기에 바울은 '영'에 의해 '유대인인 사람'과 '유대인이 아닌 사람'이라는 새로운 구분을 더했다. 전설적 화가 프로토게네스가 그은 분할 선에 다시 선을 그려 넣은 아펠레스처럼 말이다. 바울의 말에서 우리는 "유대인이 아니라고 해서 유대인이 아니라고 할 수는 없다"는 묘한 문장을 하나 길어 올릴 수 있다.

'유대인은 아닌데 유대인이 아니라고 할 수는 없는 사람'이라는 이 묘한 범주, 이 골치 아픈 범주가 의미하는 것은 무엇일까? 아감벤은 바울이 분할선 위에 그은 분할선 때문에, 유대인도 비유대인도 자기 자신과 일치하지 않게 되었다고 말한다. 우리를 '우리'라고 규정하는 순간, 우리 안에는 우리가 아닌 것 또한 남아 있기 마련이다. '유대인은 아닌데 유대인이 아니라고 할 수 없는 사람.' 우리는 왜 이 골치 아픈 잔여물을 생각해야 할까? 아감벤 식으로 말하자면 이 잔여물, 이 자투리에는 전체 율법을 정지시킬지도 모를 힘이 들어 있기 때문이다. 어쩌면 그것은 우리 삶 전체를 다시 생각하게 하는 거대한 자원이다.

법이란 일반적으로 일상의 삶을 구별하고 분할하는 것이다. 바울은 원래 바리새파였다. 바리새^{Pharisee}라는 말은 히브리어 파르셰^{parush}를 그리스어로 번역한 것으로, 원뜻은 '분리되다', '구별되다'이다. 삶의 규칙들을 세세하게 나누고 스스로를 대중에게서 나누었던 이들이 바로 바리새파이다. 바울은 이 바리새파였다가 예수의 제자로 개종했다. 혹시 그는 바리새파가 그은 분할의 선을 예수가 다시 분할하면서, 그 분할의 선, 그 율법을 더는 작동할 수 없게 만들었다고 느낀 게 아니었을까?

아펠레스의 절단은 네팔로 추방되어 떠나버린 친구 미누를 떠올리게 한다. 한국에서 17년 넘게 살았고 '스탑크랙다운 밴드'에서 보컬로도 맹활약했던 가수이자, 이주노동자 방송국의 대표를 역임했던 이다. 언젠가 그는 내게 한국인 여자 친구가 있는데 결혼하는 것이 망설여진다고 했다. 결혼하면 '미등록 이주자'라는 불안한 신분에서 벗어날 수 있는데 왜 망설이느냐고 했더니, 바로 그 이유 때문이라고 했다. 그는 한국이라는 나라에서 한국인이 아닌 사람으로 살아가고 싶어 했다.

우리로서는 언뜻 이해할 수 없는 말이다. 근대 국민국가 체제가 완성되면서, 특히 20세기 들어 지상의 모든 인간은 특정 국가에 소속되는 것을 강요받았다. 그래서 일시적 방문 내지 허가받은 체류를 제외한다면, 자국 시민권이 없는 사람은 그 나라에 '귀화'하거나 다른 나라로 '송환'되어야 한다. 인간의 국가 소속을 당연한 것으로 전제하기 때문이다. 그 전제를 거부하거나 거기에서 벗어나는 인간은 영화 〈터미널〉의 주인공처럼, 공항으로 상징되는 치외법권 지대extra-territory, 말 그대로 영토 바깥(영토는 지리적 개념이 아니라 법적 개념이다)에서 방황해야 한다. 어느 국제기구의 통계를 보니, 현재 수억 명의 사람들이 등록되지 않은 채, 그 나라의 서류에 등재되지 않은 채 방황하고 있다.

우리 친구 미누는 네팔로 송환되는 것을 거부했고 한국으로의 귀화도 거부했다. 한국에 사는 비한국인. 그것이 그의 바람이었다. 그는 불과 한두 세기 전에 정립된 것이지만 아주 당연한 것으로 받아들여진, 심지어 그 질서의 정립과 함께 수많은 방랑자를 낳은 근대 세계 질서, 우리의 율법 속에서는 아주 분명한 전제에 도전했다. 누군가는 이게 말도 되지 않는 소리라고 받아치겠지만, 나는 '한국인이 아니면서 한국인이 아니라고 말할 수 없는 사람'이 갖는 의미가 어떤 것인지 부디 한 번쯤은 생각해주었으면 한다.

너는 애국시민을 원하니?
나는
야만인을 기다린다 *

마이클 샌델의 《정의란 무엇인가》가 밀리언셀러가 되고 하나의 '사회적 현상'으로 평가되었던 2010년 하반기에, 나는 꽤 당혹스러웠던 기억이 있다. 정의가 무엇이냐고 누군가 내게 묻는다면 나는 그것이 그 책의 반대편에 있다고 말할 것이기 때문이다. 일단 한 편의 시를 소개한 뒤, 그 책에 대한 내 독후감을 써볼 생각이다.

• 야만인을 기다리며

콘스탄티노스 카바피Constantine P. Cavafy 지음

-왜 우리가 이렇게 광장에 모인 거지?

223

야만인들이 오늘 도착한다나 봐.

-그런데 왜 원로원에선 아무 일도 없는 거지?
원로원들은 법률을 제정하지 않고 뭘 기다리는 거지?

그건 야만인들이 오늘 도착할 게 틀림없기 때문이야.
원로원들이 어떤 법을 만들 수 있겠어?
야만인들이 와서 법을 공표하겠지.

-왜 황제는 이리도 일찍 일어났을까?
게다가 도시의 관문 위에 앉아 있는 건 뭐야?
옥좌까지 차려 놓고, 화려하기도 하군, 왕관도 썼네.

그건 야만인들이 오늘 도착할 게 틀림없기 때문이야.
그리고 황제는 그들의 족장을 맞이하려고
기다리는 걸세. 심지어 황제는
그에게 수여할 작위까지 준비했다네. 그것도
작위와 칭호가 여러 개라지?

-그런데 왜 오늘 두 명의 집정관과 총독들이 온 거지?
번쩍거리는 것 좀 보아, 자주색 토가를 입고 한껏 멋을 냈구나.
자수정들이 빼곡 박힌 팔찌들이며
최상급으로 세공된 에메랄드 반지는 또 뭐야?

황금과 순은을 멋지게 새겨 넣은
예전용 주장도 들었네.

그건 야만인들이 오늘 도착할 게 틀림없기 때문이야.
그런 것들이 야만인들을 홀리게 하거든.

-그런데 우리의 의젓한 수사학자들은 왜 안 오는 거지?
평소라면 어서 와서 덕담을 달고 한 말씀 가르쳐줘야 하는 거 아냐?

그건 야만인들이 오늘 도착할 게 틀림없기 때문이야.
그들은 미사여구에는 취미가 없거든.

-그런데 갑작스럽게도 웬 불안한 기운이지?
이 소란은 뭐고? (저 심각한 표정들 좀 보아!)
거리와 광장이 금세 텅 비어버리네.
모두가 근심스런 얼굴로 집으로 돌아가는구나!

그건 해가 떨어졌는데도 야만인들이 오지 않았기 때문이야.
국경으로부터 돌아온 몇몇 사람들은 심지어
야만인이란 이제 없다고 분명한 어조로 말했다네.

-그러면 이제 우리는 야만인 없이 어찌 살아야 할까?
어떤 점에서는 그자들은 해결책이었는데.

존 쿳시^{J. Coetzee}가 소설 제목으로 따오면서 회자된 카바피 (1863~1933)의 시이다. 나는 그 일부를 진은영 시인의 글에서 처음 접했다. 《코뮤주의 선언》에서 그가 인용한 시를 읽었을 때 꽤 강한 충격을 받았다. 일반적 해석에 따르면, "이 시는 야만인과 같은 타자를 만들어냄으로써만 존속할 수 있었던 로마제국의 논리를 풍자하고 있다." 북한을 하나의 해결책으로 이용했던 남한의 반공 독재자들처럼, 타자를 만들어냄으로써 자기동일성을 생산하는 체제에 대한 비판인 셈이다. 하지만 내게는, 진은영 시인도 그랬다지만, "야만인, 그들은 일종의 해결책이었다"는 말이 그렇게 나쁘게 들리지 않았다.

정말 야만인이야말로 해결책이 아닌가! 동일자의 타자, 제국의 다른 얼굴인 그런 야만인 말고, 동일자의 한계로서, 제국의 불가능성으로서의 야만인 말이다. 누구인지, 언제 왔는지, 왜 왔는지, 도무지 아무것도 알 수 없는데, 번개처럼 어느 순간 새까맣게 나타난 야만인들. 제국은 만리장성을 쌓지만 벌써 담을 넘을 태세인 야만인들, 아니 이미 성 안에 돌아다니고 있는 야만인들. 그들의 도래는 법과 권력의 정지이자 학자와 웅변가의 침묵이다.

법이 멈추고 말이 멈추는 시간, 법(혹은 문법)의 외부 지대에 서게 된 시간. 나는 카바피의 야만인들을 벤야민의 메시아처럼 느꼈다. 우리 이웃이 아닌 이들의 도래, 낯선 야만성, 익숙하지 않은 새로운 삶의 침입, 순전한 억지이자 몰상식, 무조건인 요구가 국경을 넘

226

어온다. 정의가 그렇게 국경을 넘어온다. 국경을 넘어오는 것이 정의다. 다시 그들이 오지 않는다면, 국경 안의 사람들에겐 상식과 통념, 습속이 있을 뿐 정의는 없다.

마이클 샌델. 현재 활동 중인 미국 정치철학자 중 이만한 명성을 얻은 이도 드물 것이다. 하지만 나로서는 참 오랜만에 들어보는 이름이다. 십여 년 전 대학원 마지막 학기였을 것이다. 하이에나처럼 학점을 채우려고 여기저기를 기웃거리고 있었는데, 때마침 기어들어간 정치학과의 〈현대정치철학〉 수업에서 샌델의 이름을 들었다. 수업의 주제는 '자유주의자liberals와 공동체주의자communitarians의 논쟁'이었고, 샌델은 공동체주의자의 주요 논객이었다.

사실상 미국의 정치적 맥락을 고려하지 않으면, 각 진영의 입장을 이해하기가 쉽지 않다. 자유주의자의 대표적 논객으로 보통 롤스J. Rawls를 꼽지만, 그는 개인의 자유에 관한 신념과 복지국가를 향한 지지를 함께 밝힌다. 정부 간섭의 극단적 배제와 사적 소유의 절대적 긍정을 주장하는 노직R. Nozick 같은 이의 자유주의와는 거리가 있다.

공동체주의도 마찬가지다. '공동체'에 중요성을 부여한다고 해서 이들이 한국에서 공동체 운동을 하는 사람들과 같다고 생각해서는 안 된다. 일부 통하는 면도 있지만, 미국 공동체주의자 상당수는 '공화주의자들'이고 공화당 지지자이다. 물론 공화주의자도 다양하

227

다. 공화주의자 중에는 국가가 도덕적·종교적 리더십을 형성해야 한다고 주문하는 사람들(이라크 전쟁을 거의 종교적 성전으로 생각하는 사람들도 있다)부터 정치의 초점을 국가가 아니라 작은 지역 공동체로 옮겨야 한다고 주장하는 사람들까지 다양하다.

어떻든 미국 사회에서 자유주의나 공동체주의라는 말이 갖는 의미는 우리의 통념과 많이 다를 수 있다. 그래서 이들 논쟁을 한국식 진보 대 보수의 구도로 단순화해서는 안 된다. 오히려 이렇게 이해하는 편이 좋을 것이다. 이들은 모두 미국의 시장경제를 사랑하고 미국식 개인주의, 미국적 가치를 지지한다. 공동체주의자인 샌델이 말하듯 아주 큰 틀에서 보면 '자유주의'는 전제되어 있다. 다만, 어떤 식으로 해야 자신들이 만들고 지켜온 미국의 자유주의가 더 잘 보존되고 더 강화될 수 있는가에 대한 생각이 다를 뿐이다.

논쟁의 시발점으로 지목되는 것은 대체로 롤스의 《정의론》이다. 이 책의 출간 연도를 보자. 소위 68혁명으로 서구 사회가 들끓고 특히 미국은 반전시위로 몸살을 앓을 때인 1970년이다. 다양한 가치들의 난타전이 벌어지고 사회 가치체계가 붕괴되는 것처럼 보였을 때, 《정의론》이 출간되었다. 이 책은 위기에 빠진 자유주의 사회의 기본 가치를 다시 확인하려는 열망을 표현하고 있다. 이 점에서 롤스의 자유주의는 종교 전쟁 이후에 나타난 서구 자유주의의 한 전통, 가령 로크 식의 '관용론'을 계승하고 있다. 그는 종교적·도덕적 가치판단이 공적 영역에 난입했을 때, 사회의 목적telos에 대한 논쟁이 정치 영역에 들어왔을 때, 얼마나 끔찍한 일이 벌어지는지를 생각한다.

상당수 자유주의자에게는 한마디로 '가치 전쟁'에 대한 두려움이 존재한다. 이들은 가치의 영역, 서로 통약불가능한(척도가 다른, incommensurable) 차이의 문제는 사적 자유의 영역에 두어야 한다고 주장한다. 종교, 도덕, 문화, 젠더, 섹슈얼리티, 인종 등은 개인이 알아서 선택할 문제이고, 이를 공적인 장으로 끌어들여서는 안 된다는 것이다. 국가가 여기에 개입하려고 하면 가치 전쟁이 불가피하고 이는 사회를 위험에 빠뜨린다고 한다. 나중에 롤스가《정치적 자유주의》에서 취한 입장에 따르면, 우리는 사회구성원들의 중첩적 합의overlapping consensus가 큰 영역, 다시 말해 구성원 대다수가 합의한 사안들을 공적인 의제이자 정치적인 의제로 삼아야 한다.

롤스를 비판하는 공동체주의자들은 1980년대에 본격적으로 '뜨기' 시작했다. 그들은 롤스의 소극적인 태도가 못마땅했던 것 같다. 공동체주의자들에 따르면 정치란 원래 시끄러운 영역이고, 공동체는 자신이 지향하는 가치를 성원에게 적극적으로 알려야 한다. 가령 바버B. Barber는 자유주의자들에 대해 '자신들의 주장이 왜 옳은지도 말할 수 없는 이들'이라고 비꼬았다. 한국에 일찌감치 번역된 그의 대표작《강한 민주주의》의 제목을 보면 짐작이 갈 것이다.

1980년대에 레이건 정부의 시작과 공동체주의자들의 등장이 맞물리는 것은 우연이 아니다. 노동 운동은 물론이고 낙태나 동성애

운동에 대한 보수주의의 반격이 시작되고, 탈냉전 시대에 미국적 가치를 전 세계에 공격적으로 표방한 것, 복지를 '퍼주기'라고 비판하며 시민성을 기른다는 이유로 웰페어^{welfare}를 워크페어^{workfare}로 바꾼 것이 이때였다.

공동체주의자에게는 가치 전쟁에 대한 두려움이 없어 보인다. 오히려 그들은 개인들이 소비자들처럼 이것저것 물건을 고르듯 가치를 설정하는 것을 공동체 와해의 병리적 현상으로 본다. 자신들의 자유가 어디에 기반을 두고 있는지, 그것이 어떻게 만들어진 것이고 어떻게 계승되어야 하는지에 대해, 공동체주의자는 강력한 교육적(혹은 의학적) 열망을 느낀다. 1982년《정의의 한계Liberalism and the Limits of Justice》를 발표하면서 화려하게 등장한 샌델도 바로 그런 사람 중의 하나이다.

샌델의《정의란 무엇인가》에 대한 원고를 청탁받은 일이 있다. 그때 나는 도무지 내키지가 않았다. 별로 유쾌하지 않았던 이 논쟁 구도에 말려들고 싶지 않았기 때문이다. 솔직히 말하자면, 처음에 샌델이라는 이름이 여기저기서 나올 때만 해도, 그 '샌델'이 내가 아는 그 '샌델'일 거라고는 생각지도 못했다. 중요하다면 중요한 사람이기는 하지만 그의 책이 한국 사회에서 몇 주째 베스트셀러가 되고 백만 부가 팔려나갈 거라고는 한 번도 상상해보지 못했기 때문이다. 지인과 대화를 나누다가 "내가 아는 샌델은 마이클 샌델뿐인데"라고 말했을 때, "그래, 바로 그 마이클 샌델"이라고 한 지인의 말을 듣고 적잖이 당황했다.

왜 갑자기 샌델? 뒤늦게 상황을 파악한 나는 그 이상한 열풍을 이렇게 정리했다. 우선 '하버드대 최고의 명강의'라는 출판사의 광고 문구가 제대로 먹혔다. 서울대만 해도 난리 굿판이 벌어지는 사회에서 '하버드대'에 대한 선망은 말할 것도 없다. 거기서는 도대체 어떤 강의를 할까? 최고의 수재들에게 최고의 평가를 받는 교수의 강의라는데…. 둘째, 조선일보부터 프레시안, 유시민, 노회찬까지 이르는 독서 권장 릴레이가 있었다. 독서 인구의 상당수는 아마 이들의 홍보 대상 안에 다 들어갈 것이다. 셋째, '정의'와는 담쌓은 줄 알았던 청와대가 '공정사회'를 주창하는 기적이 일어나고 말았다. 넷째, 책을 보니 그 구성이 완전 논술교재다. 책의 주제들이 다 시험문제 감이고 서술 내용은 완전히 모범 답안이다.

흥미롭게도 우파 신문인 조선일보는 "샌델은 … 우파 입장인데 우리나라에서는 좌파적으로 오독되고 있다"는 지적을 전했다. 어느 전문가의 입을 빌려 "현실적으로 마땅한 이론적 대안을 갖지 못한 좌파들이 책 제목에 기대어 자신들의 불만을 표출하는 것 아닌가 싶다"고 진단까지 했다. 정말 왜 그랬을까? 왜 조선일보만이 아니라 그 반대자들까지 샌델을 좋아하게 된 걸까?

샌델에게는 분명히 매력이 있다. 특히 자유주의의 한계를 지적할 때 그의 논리는 한국 진보주의자들에게 상당히 매력적이다. 가령, 기여입학제에 대한 입장을 보자. 일단 그는 대학의 소수자 우대

정책이 정의에 어긋나지 않는다고 말한다. 시골 출신이라거나 소수 인종이라는 점이 대학이 지향하는 가치와 대학의 학문 발전에 이바지한다고 판단했다면, 그들을 뽑는 것은 대학의 자율이라는 것이다. 그렇다면, 기여입학제도 마찬가지로 생각할 수 있지 않을까? 대학에는 고유한 사명이 있고 그 사명을 위해서는 '돈'이 들기 때문에, 기여입학한 학생은 대학 전체의 이익에 기여한 게 아닐까? 그리고 대학은 자율적으로 그런 사람을 뽑을 수 있지 않을까? 그러나 샌델은 대학의 소수집단 우대정책은 누군가를 편견 때문에 거부한 게 아니라 대학 자신의 사명에 따라 선발했으므로 공정하다고 말하면서도, 기여입학은 지원자 문제가 아니라 대학 자신의 청렴성(대학은 연구와 교육을 하는 곳이지 수익을 내는 곳이 아니다) 문제라며 비판적 시각을 드러낸다.

과거사 문제와 관련해서도 샌델은 한국 진보주의자들이 좋아할 만한 말을 했다. 그는 일본군의 '성 노예' 문제를 직접 거론하면서 사과할 줄 모르는 일본 정부를 질타한다. 그뿐만 아니라 과거 세대의 일은 그에 관여하지 않은 현세대가 사과할 필요가 없다는 식의 일본인들의 사고방식은, '내 책임은 내가 떠맡은 일에 한정한다'는 자유주의의 도덕적 사고라고 비판한다. 샌델에 따르면, 우리에게는 독립적인 개인의 판단이나 합의로 환원할 수 없는 도덕적 의무가 있다. 우리는 항상 어디엔가 소속되어 있고(가족, 도시, 국가 등), 거기서 나오는 다양한 빚, 유산, 기대와 의무를 물려받는다. 그는 매킨타이어A. MacIntyre의 입을 빌려, "내 삶의 이야기는 내 정체성이 형성된 공동체의 이야기에 속한다"고 말한다. 공동체주의자들의 입장에 따르면 '나'는 항상 공동체에 속해 있고 그 유산과 기대를 함께 가지고 있다. 따라서 우리는 과거사를 무시할 수 없고 그 책임에서 벗어날 수 없다.

조선일보는 알아채지 못했을지 모르지만,《정의란 무엇인가》의 곳곳에는 한국 '좌파'들이 발견할 수밖에 없는 매력 포인트들이 널려 있다. 하지만 자유주의 비판에서 한발 더 나아가는 순간, 샌델은 꽤 무서운 존재가 된다. 자유주의의 한계를 지적하는 곳에서 공동체주의를 역설하는 쪽으로 나아가는 순간 말이다. 가치 문제에 대한 국가의 중립적 태도를 비판하는 샌델은 국가가 시민의 삶에 더 개입해야 한다고 말한다.

그의 개념 중에는 '형성 프로젝트formative project'라는 게 있다. 일종의 건전한 시민 양성 프로젝트라 할 수 있다. 아주 오래전에 읽은 거라 기억이 가물가물하지만, 이 개념과 관련된 어떤 사례가 생각난다. 생계가 어려운 사람들에게 복지수당을 그냥 제공해서는 안 되며, 실상은 쓸모없는 일일지라도 일단 일을 하게 한 다음에 돈을 줘야 한다는 것이었다. 오늘은 땅을 파고 내일은 그 땅을 메우는 한이 있더라도 말이다. 왜냐면, 그것이 바로 건전한 노동윤리를 심어주는 것이며, 이 사회에 자신도 참여하고 있다는 느낌, 바로 공동체 일원으로서의 시민의식을 심어주기 때문이다. 이런 식으로 국가는 공동체에 바람직한 정체성, 좋은 인격을 길러내야 한다. 나는 그때 샌델이 참 무서운 인간이라는 생각을 했다. 샌델에게 아주 완곡하게 이런 비판이 제기되었을 때, 그는 어느 정도의 위험은 감수해야 한다고 했다. 자유주의자들처럼 '회피'하는 것보다는 낫다고.

샌델의 공동체주의에는 어떤 위험이 있을까. 《정의란 무엇인가》의 논리를 따라가 보자. 가령, 물에 두 사람이 빠졌다. 한 사람은 가족이고 다른 사람은 모르는 사람이다. 여건상 단 한 사람만 구할 수 있다고 했을 때 당신은 누구를 구할 것인가? 샌델의 말처럼 가족을 구한다고 해서 정의에 맞지 않는다고 말할 사람은 없다. 가족끼리는 연대와 소속의 의무가 있다. 내 어머니, 내 자식을 돌보는 것은 우리가 특정한 공동체에 속해 있음을 보여준다. 공동체의 성원들은 서로에게 '충직'의 의무를 가진다. 우리는 보상과 관계없이 가족 공동체의 성원에 돌봄의 의무를 가진다.

샌델은 논의를 조금 더 확장한다. 동포라면 어떤가? 가족과 다른 사람에 대한 충직의 의무가 달랐듯이, 동포와 다른 나라 사람들을 똑같이 대할 수는 없지 않은가? 우리에게 친숙한 자들, 우리 공동체에 속한 자들을 우선 배려하는 것, 같은 공동체 성원을 돌봐야 하는 연대 의무에서 그는 애국심이 정의일 수 있는 기초를 발견한다. 처음엔 가족을 구하는 것에서 시작했지만, 다음에는 조국과 민족, 자국 기업의 제품에 대한 사랑으로 나아간다.

샌델은 물론 연대의 의무가 '우리 사람만 챙기는 것'은 아니라고

234

말한다. 베트남전 반전운동을 예로 들어보자. 샌델은 자기 공동체에 대한 사랑이 그 공동체가 저지른 일에 대해 느끼는 수치심과 통한다는 것을 보여주려고 한다. 자신들이 일으키는 전쟁에 수치심을 느낀 반전운동 역시 미국인들이 자부심을 가져도 좋을 공동체의 유산인 것이다.

나는 온갖 민족과 인종들이 모여든 미국 사회에서 민족주의 또는 국민주의가 가능한 하나의 논리를 샌델이 보여주었다고 생각한다. 샌델을 비롯해서 많은 공동체주의자가 '서사narrative'를 중시하고, 아버지들에게 본인과 할아버지의 이야기를 자식들에게 들려주어야 한다고 말한다. 그들이 어떻게 이 자유를 일구었고 어떤 희생을 치렀는지를. 그리고 그것이 교육에 반영되어야 한다고 생각한다. 그런데 이는 한국에서 역사교과서를 개정하려는 방향과 묘하게 통하지 않는가? 국가치고는 나이가 아주 어린 미국이, 그리고 다민족과 다인종으로 구성된 미국이 어떻게 '시민 민족주의civic nationalism' 내지 '국민주의'를 가질 수 있는지 샌델은 아주 잘 보여준다.

솔직히 자신의 소중한 경험을 아이에게 들려주는 할아버지와 '너희가 빨갱이를 알아?' 하고 가스통을 메고 나온 할아버지를 이론적으로 구분하는 것은 어렵다. 어떤 할아버지는 아이가 인생의 좁은 경계에 갇히지 않도록 낯선 이야기를 선사해주지만, 또 어떤 할아버지는 아이의 인생을 자기 경험 안에 가두어 버린다. 정의는 어디에 있는가? 우리가 경험한 것, 그 한계를 넘어설 때 정의가 문제로 떠오르는가, 아니면 우리가 친숙한 것 속에 머무를 때 그것이 정의로운가? 연대의 의무란 우리에게 친숙한 것, 우리가 소유한 것들을 철저히 지킬 의무인가, 아니면 우리에게 익숙하지 않은 것들, 우리에게 낯선 것들을 만났을 때 오히려 요구되는 것인가?

샌델의 '정의관'을 압축해서 보여주는 기괴한 장면이 하나 있다. 불법 이민을 감시하는 민간인 국경순찰대의 애국심에 대한 것이다. 불법 이민으로 골머리를 앓는 텍사스주의 보안관이 국경감시에 인터넷을 활용하는 방법을 개발했다. 국경 곳곳에 감시 카메라를 설치하고 그 영상을 실시간으로 인터넷에 생중계하는 것이다. 그러면 국경감시를 돕고 싶은 시민이 인터넷에 접속해서 '보안관 대리'로 활약할 수 있다. 국경을 넘는 사람들을 보면, 그는 곧바로 보안관 사무실에 신고하고, 보안관이 현장출동을 해서 이민자를 연행한다. 샌델은 "아무런 보상도 없고 오랫동안 가만히 앉아 있어야 하는 지루한 일"을 수행하는 애국심의 원천을 묻고는, 또 다른 공동체주의자인 왈저M. Walzer의 입을 빌려, 그것이 "삶과 역사를 공유하는" 공동체를 지키려는 정의로운 행동임을 암시한다. 아무에게나 입국을 허가하면, "서로에게 특별히 헌신하고 공동의 삶을 꾸려가는" '덕성 있는 공동체'가 존속할 수 없기에, 이민자들을 감시하는 일은 정의롭다는 것이다.

나는 국민을 보안관으로 활약하게 하는 이 '덕성 있는 공동체'가 끔찍하다. 여기서 한 걸음만 더 나아가면 '순간의 방심이 나라를 무너뜨린다'며 간첩, 용공분자, 좌익사범이 없는지 주변을 잘 감시하라는 국정원 표어가 나올 것이다. 전두환 식 '정의사회 구현'도 여기서 멀지 않아 보인다. 가장 글로벌한 행사라는 G20을 치르며 정부는 이주자 중에 테러리스트가 있을까 봐 마구잡이로 단속하고, 외국인들에게 잘 보여야 한다며 노점상을 몰아내고, 여기저기서 '기초질서'를 확립하자고 주장한다. 이것이 덕이고 정의인가?

공동체 성원들이 공유하는 건전한 시민성이란 대개 그 사회를 지배하는 상식이나 통념이고, 그 사회를 지배하는 의지에 불과하다. 건전한 가치관을 지닌 시민을 육성하겠다는 것은 대체로 지배질서를 재생산하겠다는 의지의 표현에 불과하다. 지금의 내 것을 지키고 우리 것을 지키는 것이 현실이고 또 불가피할 때가 있다고 치자. 그래도 그것을 정의라고까지 부르는 건 너무 몰염치한 일 아닌가.

공동체주의자들은 비르투스^{virtus}, 즉 덕을 길러야 한다고 말한다. 그들은 상황의 우연 속에 내맡겨진 자유주의자들의 삶을 비난한다. 하지만 덕을 길러야 한다고? 도대체 덕이란 무엇인가? 니체의 입을 빌려보자면, 진정한 힘, 비르투스는 내게 닥치는 운명^{fortuna}, 그 우발성에 기꺼이 자신을 여는 것이고, 그것을 기꺼이 다루려는 힘과 의지이다. 비르투스는 통제할 수 없는 운명과의 싸움이 아니라 그 운명에 대한 사랑이다. 그것은 친숙한 것에 대한 사랑이 아니라 낯선 것, 내게 운명처럼 나타난 타자에 대한 사랑이다. 우발적으로 닥치는 타자에 귀 기울이고 자신을 기꺼이 개방하려는 의지와 힘 속에서 공동체는 유덕해지고 정의로워진다.

네 이웃을 사랑하지 마라! 그것이 '우리'가 '우리'에 갇히지 않기를 바라는 정의의 목소리다. 네 이웃이 아닌 자들과 연대하고 그들과 사랑을 나누라. 그것이 우리를 강하게 만드는 정의의 요구이다. 따라서 정의란 국경 안에 없다. 그것은 국경 바깥에서, 야만인들한테서 온다. 그것은 한마디로 리오그란데 강을 건너는 이주자들한테서 온다. 그 불법 이주자들과 교섭하지 않고서는, 그 야만인들과 교섭하지 않고서는 정의가 없다. 정의는 우리가 소속된 곳에서 한 발 나가려는 용기를 보일 때, 비로소 우리에게 말을 건네기 때문이다.

역사를 향해
쏜
총탄
*

2012년 5월 17일 광주 트라우마
센터에서 광주 시민을 대상으로 조사한 정신건강 현황을 발표했다.
직접적인 상해자나 고문 피해자가 아닌 일반 시민을 대상으로 한
조사인데 무려 43%가 "5·18을 생각하면 분노, 슬픔, 죄의식 등 매
우 강한 정서를 느낀다"고 답했다. 5월만 되면 불안하고 답답하며
우울해지는 소위 '5월 증후군'이다. 그런데 따져보니 내가 그런 증
세다. 5월 18일이 다가오면 관련 기사를 열심히 찾아 읽게 된다. 대
부분의 기사에 새로운 내용이 없음에도, 눈에는 열이 오르고 가슴
은 뛰며 손은 차가워진다.

1980년 5월, 나는 광주 시내에서 버스로 40분 정도 떨어진 곳에
살았다. 우리 동네에 계엄군이 밀어닥친 것도 아니고 당시 나는 초

등학교 3학년의 어린 나이였기에 상황을 잘 알고 있지도 못했다. 다만, 광주에서 고등학교에 다니는 형과 전남대학에 다니던 사촌형을 걱정하는 이야기를 부모님에게서 들었던 것 같다. 누군가로부터 군인이 사람들을 죽인다는 이야기도 들었는데, 어린 내가 이상하게 꿰맞춘 버전은 그 군인이 북한에서 내려온 사람들이라는 것이었다. 요즘 문제가 되는 '북한 특수부대' 이야기가 아니라, 당시 계엄군을 이 나라 군대일 거라고는 생각하지 못했기 때문이다.

2년이 지나서 광주 시내에 있는 학교로 전학 왔는데, 5월 하순의 풍경은 좀처럼 잊히지 않는다. 5월 초 어린이날로 한껏 달아오른 아이들의 분위기는 18일을 기점으로 급격히 가라앉았다. 초등학교 5~6학년, 뭘 알 만한 나이가 아닌데도 나는 그때 봤던 친구들의 얼굴을 좀처럼 잊지 못한다. 간혹 무용담처럼 끔찍한 목격담을 들려주는 친구가 있었지만 대체로 모두가 알고 있는 '기이한' 침묵을 유지했다. 나는 초등학교 시절부터 전두환, 노태우는 물론이고, 정호용, 박준병 등의 이름을 잊어본 적이 없다. 누가 말해줬는지 알 수 없지만, 초등학생이던 우리는 이미 그 이름들을 외우고 있었다. 그들은 '광주의 적'이었다.

강도와 양상이 다르긴 했지만, 그때 친구들이 지었던 표정의 변주를, 나는 광주에서 여러 번 보았다. 5월 하순이 되면 어떤 의도하지 않은 침묵과 분노가 도시를 감쌌다. 광주와 관련해서 많은 이가 '외상 후 스트레스 장애'를 여전히 앓고 있다는 것은, 적어도 내 경험에 관한 한 틀림없는 사실로 보인다.

  '외상'이란 어떤 사건에서 기인한 강력한 자극으로 정신적 방어막이 찢어져 자아가 어떤 중재 역할도 수행할 수 없는 경우를 말한다. 그런데 '외상'이 초래하는 고통과 그 치유방안에 대한 고민을 뒤로하고, '외상'이라는 사태 자체만을 사유해본다면, 그것은 우리가 평소 알 수 없던 어떤 '진실'을 보여주는 창이 된다. '진실'이라는 말을 쓰는 것조차 조심스럽긴 하다. 대개의 '진실'은 우리의 인식과 판단이 근거하는 상징적 질서의 효과에 지나지 않기 때문이다. 그런데 외상은 그 상징적 질서 자체가 충격으로 깨지는 일이다.
  만약 개인적 신체가 아니라 사회적 신체의 수준에서 우리가 '외상'을 말할 수 있다면, 그것은 '법의 찢어짐' 같은 것이 아닐까 싶다. '5·18'이 그렇다. '5·18'은 법이 찢어진 시공간에서 일어난 일이다. '5·18'이 80년대 이후 한국 민주주의를 기초 짓는 사건이라면, 내 생각에 그 의의는 민주화 이후에 생겨난 각종 법이나 제도 및 기구에 있지 않고, 그 예외적 시공간에서 '무슨 일이 일어났는가'에 있다.
  최근 '5·18'과 관련된 역사 왜곡 논란과 관련해서, 유족들의 상처를 헤집어서 그들이 괴로워하는 모습을 즐기는 '일베'의 가학적 쾌락을 많은 이가 비판했다. 그러면서 국가의 공식적 해석이 끝난 역사적 사건에 대해서 근거 없이 시비를 거는 것을 문제 삼았다. 그

242

런데 나는 조금 다른 차원에서 '국가의 공식적 해석'이라는 말에 불편을 느낀다. '5·18'에 대한 역사왜곡 논란을 지켜보다 나는 자신에게 이런 질문을 던져보았다. 일베는 그렇다 치고 나는 왜 국가의 공식적 해석이 끝난 사건에 대해 가슴이 뛰고 손이 차가워지는가? '5·18'은 이미 30년도 넘었는데 왜 나는 편히 잠들지 못하는가? 왜 그것은 아직도 불편한가? 민주화 운동에 대한 인정과 보상까지 이루어지고 국가기념식까지 매년 열리는데도 그것에 대해 왜 아직도 안온한 느낌이 들지 않는가?

나는 아직도 우리가 '5·18'을 감당할 수 없기 때문이라고 생각한다. '5·18'은 그것을 공식적으로 기릴 때조차 우리를 초월한 사건이다. 의도를 조금 더해 말하자면, 내게 '5·18의 국가기념식'은 감당할 수 없는 사건을 공식적 해석 아래 덮는 의례처럼 보인다. 따지고 보면, 1980년 이후 한국 민주화의 역사는 '5·18'에 미달한다. 한국 민주화 운동은 '5·18'에 다가간 운동이라기보다, '5·18'의 파장 아래서 만들어진 운동이며, 그렇게 해서 만들어진 민주주의의 법과 제도, 기구들은 '5·18'을 완성시켰다기보다는 '5·18'의 의미를 그것으로 한정하는 구실을 했다. '5·18' 덕분에 '6월 항쟁'이 있었고, 그 덕분에 지금의 민주주의가 만들어졌다는 것은 틀린 말이 아니지만, 그래서 '5·18'의 의미가 현재의 체제에 있다고 말할 수는 없다.

사실 하나의 정체政體, 헌정체로서의 민주주의는 정체 중단(헌정 중단)으로서의 민주주의에 미달할 수밖에 없다. 민주주의란 본래 특정한

243

정체의 이름이 아니라 사람들의 힘(데모스의 힘)을 가리킨다. 그 힘은 특정한 정체가 제대로 작동하지 못할 때 언제든 그것의 중단을 이 끌어내며, 그 어떤 정체이든 항상 의식할 수밖에 없는 잠재적 힘이 다. 그래서 왕정이라 할지라도 백성의 눈치를 볼 수밖에 없는 한에 서 민주주의 요소가 있으며, 민주정이라 할지라도 문제가 있을 때 는 민주화 운동의 대상이 되는 것이다(이에 대한 상세한 논의는 《민주주의란 무엇인가》를 참조하시라). 어떤 정체가 스스로를 민주주의라고 부르고, 어 떤 당이 스스로를 민주당이라고 부르더라도, 더 근본적 차원에서는 그것들 모두가 민주주의의 요구를 받으며 또 민주화 운동의 대상 이 될 수 있다.

그래서 특정한 역사적 정체로서의 '민주주의' 또한 '민주주의'라 는 이름을 가진 또 다른 변화와 변혁을 요구받는다. 나는 '5·18'에 후자의 측면이 강하다고 생각한다. '5·18'을 한국 민주주의와 관련 시킨다면, 그것은 특정한 정체(헌정)로서의 민주주의라기보다, 정체 의 중단으로서, '비정체'로서의 민주주의와 관련된다고 본다.

물론 1979~80년의 헌정 중단 사태가 '5·18'에 의해 유발된 것 은 아니다. 긴급조치들을 남발하던 유신체제는 사실상 헌정이 중단 되었거나 최소한 무력화된 체제였다. 유신은 긴급조치라는 예외상 태가 상례가 된 체제라고 할 수 있다. 따라서 신군부 비상계엄의 선 포는 유신의 중단이 아니라 그것의 극적인 완성에 가까웠다(박정희는 사라졌지만 '12·12'는 유신체제에 대한 친위 쿠데타의 성격을 가졌다). 발터 벤야민은 "예외상태가 상례가 된 상황에서 실질적 예외상태를 도래시키는 것이야말로 우리의 임무"라고 했다. 만약 그 '우리'가 '민주주의자'를 지칭한다면, '5·18'은 유신과 신군부라는 '상례가 된 예외상태' 속에서 도래한 '실질적인 예외상태'였다고 할 수 있다.

그런데 이 '실질적 예외상태'로서의 민주주의를 역사의 정상 상태, 소위 우리 시대의 법과 제도 속에 기입해 넣는 것이 얼마나 가능할까? 총을 든 민주주의자를 투표 용지를 든 민주주의자로 덮을 수 있을까(표가 탄환이라는 비유 정도로 대충 넘어갈 생각이 아니라면)? 그때 광주에는 범죄가 거의 없었고 사람들은 질서를 잘 지켰다고 말하는 것으로는 충분치 않다. 총은 불가피한 자기방어였다고 말하는 것으로도 충분치 않다. 내게는 이 모든 말이 어떻게든 우리 민주주의의 정상 상태, 다시 말해 현재의 법과 제도 속에 '5·18'이라는 '실질적 예외 상태'를 기입하기 위한 억지 노력처럼 보인다. 그리고 그 노력 속에서 시민군이 가진 '총'의 의미는 축소되어버렸다. 계엄군의 폭력으로부터 자기방어라는 소극적 논리가 신군부의 학살에 대한 대중의 원한과 복수, 더 나아가 총이 아니고는 역사에 좀처럼 새길 수 없었던 어떤 경고를 덮어버렸다.

나는 총을 든 시민군이 불법적이었다고 생각지 않는다. 똑같은 이유에서 자치 질서를 갖춘 공동체 역시 준법적이었다고 생각지 않는다. 그때 법은 일시적으로나마 이미 찢어져 있었기 때문이다.

그런데 법이 부재한 그 공간에서 우리는, 예외상태가 아니고서는 좀처럼 볼 수 없는, 두렵기도 하고 아름답기도 한 민주주의의 '민 낯'을 보았다. 당시 광주 시민이 잘 알고 있었듯이 '총을 든 시민'과 '밥을 퍼 나르는 시민', '거리를 청소하는 시민'을 구분해서는 안 된 다. 우리가 '5·18'에 다가간다는 것이 '거리를 청소하는 시민'에만 다가간다는 뜻이어서는 곤란하다. 방송국에 불을 지르고 총을 들고 계엄군과 대치한 시민을 환대할 수 없는 한 '5·18'은 역사적 해석 을 거부하며 계속해서 발작할 것이다.

1980년 5월 26일 밤, 총을 들고 전남도청에 남기로 한 이들은 무엇을 원했던 것일까? 그들의 총은 무엇을 겨누었던 것일까? 총을 든 이상 살아남기 어렵다는 걸 모두가 아는 상황에서 말이다. 벤야 민을 한 번 더 인용한다면, 그들은 1830년 7월, 유럽 전역에 혁명의 바람을 불러일으킨 프랑스의 시민군들이 파리의 시계탑을 저격했 듯이, 역사를 저격해서 거기에 지울 수 없는 흉터를 남기려 했는지 도 모르겠다. 5월 26일 밤, 그들은 사람들에게 자신들을 잊지 말아 달라고 외쳤다. 따지고 보면, 그들이 역사 자체에 흉터를 남겼기에 하나의 초역사적인 경고가 새겨질 수 있었다. 그래서 5월의 민주주 의자들은 5월 27일 새벽, 진압군들에 의해 주검이 되어 질질 끌려 나왔지만, 그들이 미래의 유신, 미래의 신군부를 겨냥해 쏘아둔 총 탄 자국은, 모세의 돌판에 신이 새겨둔 초역사적 계명들처럼, 역사 와 관계없이 여전히 남아있다.

옳은 말은
옳은 말일
뿐이다

세상에 말들은 부족하지 않다. 누군가는 패스트푸드처럼 빨리 사라지는 말들의 운명을 걱정한다고 하지만, 우리 삶을 가꾸는 데 필요한 좋은 말들은, 인류의 역사가 부지런히 생산해온 위대한 인물들 덕분에, 여전히 정신의 계주를 이어오고 있다. 내가 걱정하는 말의 운명은 다른 것이다. 언어학자의 관심과 철학자의 관심이 여기서 나뉘는 걸까. 말들의 수량과 수명보다 내게 더 중요해 보이는 것은 '말들의 방황'이다. 한마디로 '겉도는 말'의 문제다.

책을 읽거나 강연을 들을 때 우리는 소위 '좋은 글', '좋은 말씀'을 많이 접한다. 나 역시 누군가에게 그런 말을 한 적이 있다. "선생님의 좋은 말씀, 정말 감사합니다." 그런데 강연이나 원고에서 만난 그 '좋은 말씀'들, 때로는 무릎을 치게 하고 때로는 가슴에 와 닿아 어딘가에 적어두기까지 한 그 '좋은 말씀'들은 다 어디로 갔을까?

내 안에 잠시 머물기도 했던 것 같기는 한데, 지금은 그것들의 행방을 알지 못한다. '선생님의 말씀'으로 들어와 '선생님의 말씀'으로 머물다가 애초에 그것이 선생님의 것이었음을 확인하듯 내게서 떠나가 버린 말들. 누군가 건네준 빵 한 조각도 금세 피가 되고 살이 되는데, 왜 '선생님'의 그 '좋은 말씀'들은 순간의 짜릿함만을 안기는 탄산음료처럼 그냥 그때뿐인 걸까?

아마도 우리가 그 좋은 말들을 위장으로 직접 소화해 본 적이 없기 때문일 것이다. 달리 말하면, 우리는 그 말들을 진지하게 믿지 않았다. 소크라테스나 공자, 예수와 석가의 아름다운 말들을 구경만 했을 뿐, 그것들을 진지하게 체험하지 않았다. 우리가 믿는 것은 그들의 권위였지 그 말들이 아니다. 말을 믿었다면 우리는 벌써 그것을 행했을 것이다. 그러나 우리는 자신의 믿음을 말의 실천이 아니라, 그 말을 한 사람에 대한 숭배로 나타낸다. 즉 우리가 믿는 것은 말들이 아니라 그들이 우리와는 다른 특별한 존재라는 점이다. 바로 이런 식이다. "나는 그가 특별한 존재임을 믿습니다."

그러니 예수를 믿는 사람, 그 믿음을 과시하는 사람은 많아도 예수처럼 사는 사람은 드물다. 니체가 예수만이 유일한 기독교도였다고 한 것은 그런 뜻에서였다. 천국은 예수의 실천 속에 있는데도 사람들은 그것이 예수에 대한 믿음에 달렸다고 착각한다. 물론 이는 기독교만의 문제가 아니다. 좋은 말씀을 듣고 읽은 우리 모두의 문제다. 우리는 무소유 정신을 갈파한 어느 스님의 책을 백만 권 넘게 사지만 정작 무소유를 실천하지는 않는다. 우리는 좋은 말을, 박물관이나 명승지를 관람하듯, 그저 듣고 구경하면서 입장료로 책값을 내는 것이다.

그렇다면, 앎은 어떻게 해서 우리의 피가 되는가? 앎은 언제 우리의 삶을 구원하는가? 필로소피, 즉 철학은 '지혜에 대한 사랑'이라는 말뜻에서 알 수 있듯이 '앎을 통한 삶의 구원'을 확신하는 학문이다. '악덕은 무지에서 나온다'고 했던 소크라테스부터 '아는 것이 힘'이라고 했던 계몽주의 철학자들까지 모두 그랬다. 철학자들이 싸운 것은 다만 그 '앎'의 내용에 대해서였다. 하지만 좋은 '앎'은 자동으로 우리 '삶'을 구원하는가? 만약 그렇다면 공자님 말씀을 틀어놓는 것으로 충분할 것이다. 그러나 우리 모두가 알 듯 그것이 그렇지가 않다. 앞서 말한 것처럼, '좋은 말씀'들은 내게 잠시 머물다 금세 사라져 버린다. 왜 그럴까?

프로이트의 정신분석은 우리에게 힌트를 준다. 어찌 보면, 그의 정신분석도 '앎에 대한 신뢰'라는 점에서는 철학의 전통을 잇고 있다. 그는 무의식에서 일어난 일을 의식게 함으로써, 다시 말해서 무지의 영역을 앎의 영역으로 끌어올림으로써 환자를 치유한다. 그가 다루는 사람들은 신체적 원인을 찾을 수 없는데도 시각장애나 사지 마비, 실어증 같은 증세를 호소하는 신경증 환자들이다. 그는 이

병들이 환자가 생각해내지 못한 과거의 일들과 관련되어 있음을 보여준다. 환자가 의식의 저편에 묻어버린 일들을 그는 자유연상을 통해 떠올리게 한다. 그런데 신기한 것은 환자가 그 일을 떠올리고 말하기만 해도 증상들이 사라져버린다는 사실이다.

이 치료의 관건은 환자가 과거의 일을 얼마나 생생하게 다시 떠올릴 수 있느냐에 있다. 그런 반복 체험이 일어나지 않는다면, 의사가 병에 대해 아무리 그럴듯한 지식과 정보를 제공한다더라도 치료는 성공하지 못한다. 프로이트가 치료했던 '에미 부인'이 그랬다. 남편과 급작스레 사별한 그녀는 프로이트에게 치료를 받으면서도 대규모 공장을 문제없이 경영하고 아이들을 잘 키워냈다. 그런데 프로이트가 나중에 붙인 이야기를 참고해볼 때 그녀의 치료는 성공적이지 못했던 것 같다. 그것은 그녀가 민감한 사항들, 가령 성생활에 대한 솔직한 정보를 주지 않은 것에도 이유가 있겠지만, 내가 볼 때는 초창기 프로이트의 상대적으로 미숙한 접근법에도 문제가 있었던 것 같다.

프로이트는 가령 그녀가 '새로운 것'에 대단한 두려움을 보이자, "새로운 것에도 좋은 것이 포함되어 있다"는 식으로 설득했다. 또 짐승에 대한 공포를 가진 그녀에게 최면을 걸어 '짐승은 두렵지 않다'는 암시를 주었다. 최면이 끝나고 프로이트가 아직도 짐승이 두려우냐고 물었을 때 그녀는 '그렇지 않다'고 했다. 그러고는 이렇게 덧붙였다. "뭐, 선생님께서 (두려운 게 아니라고) 그렇게 말씀하시니까요." 표면상으로는 프로이트의 말에 순응했지만, 그 대답과 달리 짐승에 대한 그녀의 공포는 치유되지 않았다. 누구보다 프로이트는 이를 잘 알고 있었다. 그는 증상의 근원이 되는 내력을 파헤치지 않고 의사의 권위로 암시를 걸어 문제를 해결할 수는 없음을 깨달았다. 그리고 일반 지식을 전하는 식으로는 아무런 효과도 거둘 수 없다고 했다.

아무리 대단한 권위를 가진 사람의 말이라 할지라도, 그리고 그 말이 아무리 올바른 것일지라도 환자가 체험하지 못하는 것은 아무런 효과도 없다. 앞서 말한 것처럼 치료의 관건은 환자가 현재의 증상을 유발한 과거의 사건으로 돌아가는 것에 있으며, 거기서 그 사건을 과거와는 다르게 체험해야 한다. 즉 과거를 반복하지만 다르게 반복하는 것이 핵심이다. 그런데 따지고 보면 치료만이 아니라 '깨우침' 일반이 그렇다. 과거에 내가 저지른 일을 그대로 떠올리지만, 그것을 달리 느끼고 달리 대할 수 있을 때, 우리는 뭔가를 깨우친 것이기 때문이다.

요컨대 옳은 말은 그저 옳은 말일 뿐이다. 그것이 내 것이 되려면 내 안에서 다시 체험되어야 한다. 내가 내 식으로 체험하지 않는 말이란 한낱 떠다니는 정보에 불과하다. 세상에는 여전히 옳은 말들을 찾아 나서는 사람들이 많지만, 나는 세상에 옳은 말들은 부족하다고 생각하지 않는다. 다만 그것들이 정처 없이 여기저기 흘러다니고 있을 뿐이다.

요즘 '잘나가는 선생들'의 인문학 강연장에는 사람들이 넘쳐난다고 한다. 책도 많고 강연도 많다. 그러나 그 대부분의 말들은 모두가 쓰고 버리는, 심지어 써보지도 못하고 버리는 상품처럼 되었다. 누군가에게 좋은 말을 들었다면 최소한 한 번은 내 목소리로 그것을 다시 들어야 한다. 그때만이 그것은 내 피가 된다. "높이 오를 생각이라면, 그대들 자신의 발로 오르도록 하라!" 차라투스트라가 자신을 구원해달라며 찾아온 이들에게 던진 말이다. 확실히 그렇다. 내 발로 오르지 않은 산은 풍문과 구경거리로만 존재하는 산이다. 그러니 산에 오르려면 스스로 오르는 수밖에 없다.

　책을 마무리하다 보니, 세상에 내보내는 말들이 결국 내게 돌아오는 걸 느낀다. 나는 내 말을 얼마나 체험했던가? 내 글은 정말로 내 피로 쓴 것인가? 지금 이 순간, 나는 한없이 부끄럽다. 그러나 어쩌겠는가? 부끄러움을 솔직히 고백하고 노력하는 수밖에. 철학하는 이가 끝까지 놓지 말아야 하고 끝까지 사랑해야 할 운명이 저 물음이기 때문이다.

254

철학자와 하녀

초판 1쇄   2014년 5월 20일 발행
개정판 1쇄 2024년 7월 3일 발행

지은이 고병권
펴낸이 김현종
출판본부장 배소라 **책임편집** 정소연 **디자인** 천병민 유진아
마케팅 최재희 안형태 신재철 김예리 **경영지원** 박정아

펴낸곳 (주)메디치미디어
출판등록 2008년 8월 20일 제300-2008-76호
주소 서울특별시 중구 중림로7길 4, 3층
전화 02-735-3308 **팩스** 02-735-3309
이메일 medici@medicimedia.co.kr **홈페이지** medicimedia.co.kr
페이스북 medicimedia **인스타그램** medicimedia

© 고병권, 2024

ISBN 979-11-5706-359-8 (03100)